칵테일탐구생활

* **일러두기**
본문 중 일부는 칵테일에 흔히 쓰이는 용어와 저자의
표현에 따라 맞춤법 원칙과 다르게 표기했습니다.

칵테일탐구생활

글과 그림 김호 감수 정인성

21세기북스

CONTENTS

탐구를 시작하기에 앞서 6
칵테일이 어렵고 멀게 느껴진다면

PART 1. 기초 탐구

칵테일이란? 10
칵테일의 스타일 16
칵테일의 분류 18
칵테일 만들기 20
칵테일의 재료 22
칵테일 제조 도구 27
칵테일의 글라스 32
칵테일 제조 기법 34
‖ 애주가의 TMI ‖ 맛있는 칵테일 만드는 TIP

PART 2. 스피릿 탐구

스피릿 탐구생활 42
증류 탐구생활 44
스피릿 탐구 준비 48

보드카 50
보드카의 분류 / 대표적인 보드카 / 홈 칵테일 레시피
‖ 애주가의 TMI ‖ 애주가의 간을 두근거리게 만드는 신기한 보드카
‖ 프리미엄 리뷰 ‖ 보드카 월드의 나비 효과, 시락

럼 64
럼의 분류 / 대표적인 럼 / 홈 칵테일 레시피
‖ 애주가의 TMI ‖ 나라별로 구분하는 럼
‖ 프리미엄 리뷰 ‖ 얼굴을 담은 믿음직한 럼, 디플로마티코

테킬라 78
테킬라의 분류 / 대표적인 테킬라 / 홈 칵테일 레시피
‖ 프리미엄 리뷰 ‖ 패트론을 향한 고백

진 94
토닉 워터 / 베르무트 / 진의 분류 / 대표적인 진 /
홈 칵테일 레시피
‖ 애주가의 TMI ‖ 진 덕후의 심금을 울리는 세계 속 다양한 진
‖ 프리미엄 리뷰 ‖ 대담하고 간결한 한 방, 포 필라스 네이비 스트렝스 진

위스키 112
몰트 탐구생활 / 피트 탐구생활 / 블렌딩별 분류 /
재료별 분류 / 대표적인 위스키 / 홈 칵테일 레시피
‖ 애주가의 TMI ‖ 예비 위스키 덕후라면 반드시 알아야 할 필수 TMI
‖ 프리미엄 리뷰 ‖ 이 책은 위스키 책이 아닌데……, 롱로우 레드 쉬라즈

브랜디 136
코냑의 분류 / 대표적인 코냑 / 홈 칵테일 레시피
‖ 프리미엄 리뷰 ‖ 휴식의 술이 안겨준 근심, 헤네시 X.O

PART 3. 리큐르 탐구

리큐르 탐구생활 150
리큐르 탐구 준비 152

쿠앵트로 / 볼스 블루 큐라소 / 그랑 마니에르 코르동 루즈 / 체리 히어 154
링 / 마라스키노 체리 / 피치트리 / 팔리니 리몬첼로 / 미도리 / 애프리
콧 브랜디 / 갈리아노 / 베네딕틴 / 샤르트뢰즈 그린 / 예거마이스터 /
크렘 드 민트 / 캄파리 / 디사론노 / 깔루아 / 크렘 드 카카오 / 말리부 /
생제르맹 / 베일리스 / 드람부이 / 서던 컴포트

부록 200
참조 203
색인 204

탐구를 시작하기에 앞서

칵테일이 어렵고 멀게 느껴진다면

전통주, 사케, 내추럴 와인 등. 세상에 존재하는 여러 맛좋은 술을 뒤로한 채, 『맥주탐구생활』 이후 다음 탐구 주제로 칵테일을 선택하기까지 시간이 오래 걸리진 않았습니다. 직관적으로 눈을 즐겁게 해주는 알록달록하고 선명한 색감, 다종다양한 리큐르의 화려한 라벨, 마시기 전부터 가슴을 두근거리게 만드는 유려한 곡선의 잔과 장식의 아름다움까지. 크래프트 맥주 못지않게 즐길거리가 가득한 술이니 말이죠. 그렇지만 정작 책을 쓰기로 마음먹은 결정적인 이유는 칵테일 특유의 단점, 접근성 때문이었습니다.

이 책을 집어들 정도로 술에 관심 있는 독자분이라면 잘 아시겠지만, 칵테일은 뚜껑만 열면 바로 마실 수 있는 맥주와 다르게 접근성 좋은 술이 아닙니다. 집에서 마시려면 직접 만들어야 하는데다가 도구도 있어야하며, 알아야 하는 재료까지 많으니, 쉬운 술이라고 이야기한다면 새빨간 거짓말이겠죠!

그렇기 때문에 책으로 묶었을 때 더 알차고 유용하겠다는 확신이 들었습니다. 20대와 30대 초반의 통장과 간을 오롯이 술에 바친(?) 애주가의 실패와 성공을 끌어 모아, '아무것도 모르는 이십대 초반의 나에게 선물하고 싶다'는 마음으로 책을 쓰고 그랬습니다.

"이 책만 있으면 술에 돈 쓸 일이 절반으로 줄어들 거야. 정말이야…!"

알면 알수록 넓어지는 칵테일의 세계

3년 동안 책을 준비하며, '칵테일은 요리와 많이 닮아있구나'라고 생각했습니다. 찬장에 파슬리와 바질 같은 향신료를 갖춰뒀을 때 만들 수 있는 요리의 가짓수가 늘어나는 것처럼, 칵테일에 들어가는 각종 스피릿과 리큐르에 대해 알게 되면 즐길 수 있는 술의 가짓수가 훌쩍 늘어나기 때문이죠.

시중에 출간된 많은 칵테일 책들이 낯선 재료를 조합해 만드는 화려한 요리를 소개하고 있다면, 제 책은 기본으로 돌아가 칵테일의 재료인 술의 매력과 그것을 활용하는 법에 초점을 맞추고 싶었습니다. "전문 주류 업장이 아닌, 집에 술이 생겼을 때 어떻게 활용해야 할까?"와 "가정에서 쉽게 만들 수 있는 레시피"를 중점에 두고 말이죠. 색이 예뻐서 또는 호기심에 구입한 리큐르를 어떻게 마셔야 할지 몰라 오랫동안 묵혀둔 경험이 있는 분이라면 특히 유용하게 읽을 수 있을 것입니다.

이 책을 통해 익숙했던 술의 몰랐던 얼굴을 마주하는 재미까지 발견한다면 더욱 기쁠 것 같네요. 처음부터 끝까지 정독하는 독자가 지구 어딘가에 있을 것이라 상상하며 책을 썼습니다만, 사전처럼 훌훌 넘겨 보기에도 좋은 책이라고 생각합니다. 애주가 여러분의 책장에 오랫동안 자리하며 일상에서 유용하게 읽히고 활용되길 진심으로 바랍니다.

김호

PART 1

기초
탐구

칵테일이란?

술을 바탕으로 다양한 재료(과일 주스, 탄산음료, 설탕, 향신료 등)를 섞어 만든 혼합 알코올음료를 의미합니다.

> ‖ 애주가의 TMI ‖
>
> 오늘날 칵테일은 두 가지 이상의 재료가 들어간 혼합 음료수를 총칭하는 표현으로 넓게 사용됩니다. 다만, 이 책에서는 알코올이 들어간 음료로 한정해 소개했습니다.

✽✽✽ 칵테일의 어원 ✽✽✽

직역하면 '수탉의 꼬리'라는 의미의 칵테일은 여러 어원을 가지고 있습니다. 정확한 유래는 불분명하지만, 알아두면 재밌는 몇 가지 설을 소개합니다.

수탉의 꼬리
과거 혼합 음료를 만들 때 사용하던 긴 막대기가 수탉 꼬리를 닮아 '수탉의 꼬리 Tails of Cock'라는 이름이 붙었다는 설.

약장수의 음료
프랑스의 한 약장수가 만들던 특이한 음료수, '코크텔 Coquetel'에서 유래했다는 설.

닭싸움
닭싸움 내기에서 진 사람이 여러 종류의 술을 섞고, 패배한 닭의 꽁지깃을 술잔에 꽂아 마신 것에서 유래했다는 설.

✶✶✶ 칵테일의 매력 ✶✶✶

자유로운 연출

다양한 재료와 제조 기법, 기물 등을 이용해 만드는 사람의 개성을 담을 수 있다. 과일, 꽃, 허브 등을 자유롭게 사용해 연출하기도 한다.

다채로운 색깔과 맛

여러 음료가 조합돼 다채로운 색과 맛을 가진다.

조절 가능한 알코올 도수와 맛

마시는 사람의 취향과 컨디션 등에 따라 알코올 도수, 당도 등을 조절할 수 있다.

✦✦✦ 클래식 칵테일 ✦✦✦

오랜 시간이 흘러도 꾸준히 사랑받는 대표적인 클래식 칵테일을 소개합니다. 칵테일이 낯선 사람이라면 클래식 칵테일로 입문하는 것을 강력 추천합니다.

드라이 마티니
Dry Martini

영화와 소설 속에서 칵테일의 왕으로 불리며 사랑받는 칵테일. 샤프하고 드라이한 맛.

쿠바 리브레
Cuba Libre

쿠바의 상징 럼과 미국의 상징 콜라가 만나 만들어내는 자유의 맛.

카이피리냐
Caipirinha

브라질의 국민 소주 카샤사로 만드는 여름 칵테일. 달콤 상큼한 매력이 모히토 못지않게 훌륭하다.

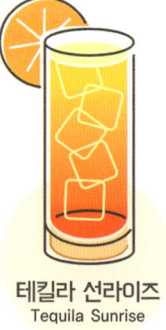

테킬라 선라이즈
Tequila Sunrise

일찍 일어나지 않아도 맛볼 수 있는 상큼한 일출. 달콤한 석류 시럽이 테킬라와 잘 어울린다.

마가리타
Margarita

짭짤한 소금과 향긋한 시트러스 향이 만들어내는 감각적인 칵테일.

러스티 네일
Rusty Nail

달콤한 꿀, 풍부한 허브, 부드러운 위스키 풍미까지. 스카치 위스키를 즐기는 우아하고 달콤한 대안.

올드 패션드
Old Fashioned

설탕, 위스키, 비터. 간단한 조합이지만 마지막 한 모금까지 맛의 변주가 근사한 위스키 칵테일.

다이키리
Daiquiri

헤밍웨이가 사랑한 것으로 유명한 칵테일. 달콤한 럼과 상큼한 라임 주스의 조합은 언제나 옳다.

✦✦✦ 영화 속 칵테일 ✦✦✦

영화 속 짧고 강렬한 등장으로 재미와 호기심을 동시에 자극하는 칵테일을 소개합니다.

마티니 Martini

〈007〉 시리즈, 〈캐롤〉 등 수많은 영화 속에 등장하는 마티니. 국내 흥행 성적은 그다지 좋지 않았던 영화 〈부탁 하나만 들어줘〉 속 마티니 소개 장면은 그 어느 영화보다도 강렬합니다. 영화를 보고 나면 당장이라도 바에 가고 싶어질 정도로 말이죠(마티니 레시피 107쪽).

모히토 Mojito

허브와 라임이 만들어내는 상큼한 맛으로 사랑받은 모히토. 원래도 유명했던 배우 이병헌의 인지도를 더욱 탄탄하게 만들어준 영화 〈내부자들〉 속 명대사는 한 번 들으면 잊을 수가 없죠. "모히토 가서 몰디브 한잔하자(모히토 레시피 74쪽)."

위스키 사워 Whisky Sour

영화 〈원스 어폰 어 타임 인 할리우드〉에서 한물간 배우 역을 맡았던 디카프리오는 연기를 망친 뒤 "너 어젯밤 밤새도록 술 마셨잖아. 빌어먹을 위스키 사워를 여덟 잔이나 마셨어!"라며 자책합니다. 도대체 얼마나 맛있기에 혼자 여덟 잔이나 마실 수 있었던 걸까요(위스키 사워 레시피 129쪽)?

시브리즈 Seabreeze

영화 〈데드풀 2〉에서 입담 걸쭉하기로 유명한 데드풀은 지나가듯 이야기합니다. "자몽, 크랜베리, 보드카 한 잔. 시브리즈라고 부르는 건 도저히 오글거려서." '바닷바람'이라는 뜻의 시브리즈는 누군가에겐 감성적인 이름으로, 또 누군가에겐 오글거리는 이름으로 기억될 테지만 확실한 건 쉽고 맛있는 칵테일이라는 것이죠(시브리즈 레시피 58쪽).

칵테일의 스타일

셀 수 없이 많은 가짓수의 칵테일이지만, 자세히 살펴보면 유독 자주 등장하는 단어가 있습니다. 메뉴판 위 낯선 명칭의 홍수 속에서 이름만으로도 어떤 칵테일인지 떠올리게 해줄 대표적인 스타일을 소개합니다.

하이볼 Highball

증류주에 탄산수, 토닉 워터 등 다양한 종류의 탄산수를 섞어 만드는 칵테일입니다. 하이볼 글라스에 제공됩니다.

예) 위스키 하이볼

쿨러 Cooler

증류주에 진저 에일을 섞어 만드는 상쾌한 맛의 칵테일입니다.

예) 하이랜드 쿨러, 보스턴 쿨러

콜린스 Colins

증류주에 레몬 주스, 설탕, 탄산수를 섞어 만드는 칵테일입니다. 콜린스 글라스에 제공됩니다.

예) 존 콜린스, 로스 콜린스

피즈 Fizz

증류주에 레몬 주스, 설탕을 넣고 셰이킹을 한 뒤 탄산수를 섞어 만드는 칵테일입니다.

예) 진 피즈

‖ 애주가의 TMI ‖

콜린스와 피즈는 사용하는 재료와 스타일이 비슷해 헷갈리기 쉽습니다. 칵테일을 만드는 사람에 따라 다양한 구분법이 있지만 콜린스는 빌드, 피즈는 셰이킹으로 제조한다는 것이 큰 차이점입니다.

에그녹 Egg-nogs

우유, 달걀노른자, 설탕 등을 넣어 만드는 부드럽고 진한 맛의 칵테일입니다. 크리스마스에 마시는 걸로 유명합니다.

예) 브랜디 에그녹, 럼 에그녹

사워 Sours

브랜디 또는 위스키에 레몬 주스, 설탕을 넣어 만드는 칵테일입니다. 달걀흰자를 넣어 부드러운 맛을 강조하기도 합니다.

예) 위스키 사워

줄렙 Juleps

민트와 설탕을 넣어 으깬 뒤, 으깬 얼음과 술을 넣어 만드는 칵테일입니다. 높은 알코올 도수가 특징입니다.

예) 민트 줄렙

슈터 Shooters

샷 글라스에 여러 종류의 술을 섞이지 않도록 층을 내 쌓는 칵테일입니다.

예) 푸스 카페, 베이비 기네스

리키 Rickey

증류주에 라임 주스를 넣고 탄산수를 섞어 만드는 칵테일입니다. 설탕이 들어가지 않아 드라이합니다.

예) 진 리키

토디 Toddy

뜨거운 물에 증류주와 설탕 혹은 꿀을 넣어 만드는 따뜻한 칵테일입니다.

예) 위스키 핫 토디

칵테일의 분류

유명한 클래식 칵테일과 스타일별 특징을 익혀도 여전히 칵테일 고르기가 어렵게 느껴질 수 있습니다. 용량, 맛, 시음 시기 등으로 구분되는 칵테일의 명칭과 특징을 알아두면 보다 쉽게 칵테일을 고를 수 있을 거예요.

*** 용량에 따른 분류 ***

숏 드링크 Short Drink
120ml 미만의 작은 용량의 칵테일로, 알코올 도수가 높고 맛이 진한 술이 많습니다. 주로 역삼각형의 마티니 글라스에 얼음 없이 제공됩니다.

예) 마티니, 김렛, 코스모폴리탄

롱 드링크 Long Drink
120ml 이상 용량의 칵테일로, 알코올 도수가 높은 술에 탄산음료나 주스 등의 부재료를 섞어 희석합니다. 용량이 큰 잔에 얼음과 함께 제공되며, 알코올 도수가 낮아 첫 번째 잔 또는 술이 약한 사람에게 좋습니다.

예) 위스키 하이볼, 진 리키, 모히토

|| 애주가의 TMI ||

칵테일별 분류법을 알아두면 바텐더에게 추천을 받을 때도 편리합니다.

예) 1. 식사 후 배가 부르고 평소 술이 약한 사람
　　"숏 칵테일 중 알코올 도수가 낮고 달콤한 스위트 칵테일 부탁드려요."
　2. 여유롭게 칵테일을 즐기며 기분 전환을 하고 싶은 사람
　　"롱 드링크 칵테일 중 상큼한 리프레싱 칵테일을 추천해주세요."

✱✱✱ 맛에 따른 분류 ✱✱✱

드라이 칵테일 Dry Cocktail
달지 않은 칵테일로, 베이스가 되는 술의 개성이 강조된 칵테일이 많습니다.

예) 드라이 마티니

리프레싱 칵테일 Refreshing Cocktail
레몬이나 라임 등이 들어가 상큼한 맛이 나는 칵테일을 의미합니다.

스위트 칵테일 Sweet Cocktail
리큐르, 시럽 등이 들어가 달콤한 맛이 강조된 칵테일을 의미합니다.

✱✱✱ 시음 시기에 따른 분류 ✱✱✱

식전 칵테일 Aperitif Cocktail
식사 전 입맛을 돋우기 위해 마시는 칵테일입니다. 달지 않고 신맛과 쓴맛이 강조된 칵테일로, '아페리티프'라고도 부릅니다.

예) 김렛, 네그로니

식후 칵테일 Digestif Cocktail
식사의 여운을 정리하고 소화를 돕기 위해 마시는 칵테일입니다. 디저트처럼 달고 진한 맛의 칵테일로, '디제스티브'라고도 부릅니다.

예) 그래스호퍼

올데이 칵테일 All day cocktail
식사 여부와 관계없이 언제든지 편하게 마실 수 있는 칵테일입니다. 상큼하고 경쾌한 맛을 가진 칵테일이 많습니다.

예) 모히토, 진 토닉, 위스키 하이볼

칵테일 만들기

집에서도 손쉽게 칵테일을 만들 수 있는 제조 기법과 재료를 소개합니다. 꼭 집에서 만들지 않더라도 칵테일의 다양한 특징과 제조법을 알아두면 바에서 주문할 때 유용하게 쓰일 거예요.

✽✽✽ 한 잔의 영화를 만들다 ✽✽✽

취향에 꼭 맞는 칵테일을 만들고 싶다면 탄탄한 기초가 밑받침돼야겠죠? 칵테일은 크게 세 가지 구성 요소를 가집니다. 칵테일의 핵심이 되는 베이스, 칵테일의 맛을 보완해주는 바디, 맛을 더욱 풍부하게 해주는 풍미 첨가제가 그것인데요. 이를 그대로 외워도 좋지만, 저는 이 구성 요소를 영화에 비유하는 것을 좋아합니다.

- 주연(베이스) : 자신의 존재감을 듬뿍 드러내는 높은 알코올 도수의 술.
- 조연(바디) : 한 잔의 칵테일을 구성하도록 돕는 낮은 알코올 도수의 술과 음료들. 때로는 주연을 돋보이게, 때로는 주연을 적당히 눌러주는 역할을 한다.
- 엑스트라(풍미 첨가제) : 영화를 풍성하게 만들어주는 감초.

하나의 영화 속에서 주연과 조연, 엑스트라는 다양하게 상호 작용하며 작품을 만듭니다. 칵테일의 세 가지 요소들 또한 재료의 맛과 향을 고려해 베이스+바디, 베이스+풍미 첨가제, 바디+풍미 첨가제, 베이스+바디+풍미 첨가제 등 다양한 방식으로 조합할 수 있습니다.

✦✦✦ 칵테일의 세 가지 구성 요소 ✦✦✦

A. 베이스 Base

만들고자 하는 칵테일의 바탕이 되는 술입니다. 일반적으로 알코올 도수가 높은 증류주를 사용하며, 어떤 술을 선택하는지에 따라 칵테일의 기본 특성(맛과 향, 색상)이 결정됩니다.

예) 보드카, 진, 테킬라, 럼, 위스키

B. 바디 Body

베이스가 되는 술과 어우러져 맛과 질감을 보완해주는 재료를 의미합니다. 재료에 따라 가볍고 경쾌한 칵테일부터 무겁고 걸쭉한 칵테일까지, 다양한 칵테일을 제조할 수 있습니다.

예) 와인, 베르무트, 과일 주스, 탄산음료, 우유

C. 풍미 첨가제 Flavour Additive

칵테일에 달콤한 맛과 쓴맛, 또는 색깔을 더해주는 재료입니다. 풍미 첨가제에 포함되는 리큐르는 종류와 색상이 무척 다양해 칵테일에 개성을 더해줄 때 무척 유용합니다.

예) 비터스, 설탕 시럽, 리큐르

칵테일의 재료

칵테일은 어떤 재료를 넣느냐에 따라 다양한 색과 맛을 가지지만, 무엇보다도 칵테일의 핵심은 바탕이 되는 술이라고 할 수 있습니다. 칵테일의 가장 기본인 술과 여러 가지 재료에 대해 알아보겠습니다.

✱✱✱ 칵테일의 주재료, 술 ✱✱✱

증류주 Distilled Liqour

곡물 또는 과일 등을 발효한 뒤 증류해 만드는 알코올 도수가 높은 술입니다. '스피릿 Spirit'이라고 부르기도 합니다.

예) 보드카(곡물), 진(곡물과 주니퍼베리), 테킬라(아가베), 럼(당밀), 위스키(곡물), 브랜디(과일)

양조주 Fermentation Liquor

곡물 또는 과일을 발효시켜 만드는 술입니다. 알코올 도수가 낮으며, '발효주'라고도 부릅니다.

예) 맥주(보리), 와인(포도), 사이더(사과), 풀케(용설란), 청주(쌀), 니혼슈(쌀)

혼성주 Liqueur

양조주와 증류주에 과일, 향신료, 감미료 등을 더해 만든 술입니다. '리큐르'라고도 부릅니다.

예) 깔루아(커피), 쿠앵트로(오렌지), 갈리아노(허브), 체리 히어링(체리)

✦✦✦ 칵테일의 부재료 ✦✦✦

칵테일의 맛과 향을 만들어내는 다양한 재료들을 소개합니다.

얼음

칵테일에 빠져서는 안 될 필수 재료이자 가장 많이 사용되는 재료입니다. 직접 얼려서 사용하거나 시판 얼음을 사용합니다.

- **조각 얼음**: 사각형 모양의 얼음. 칵테일에 가장 많이 사용되는 형태다.
- **아이스 볼**: 커다란 얼음을 깎아 동그란 형태로 조각한 얼음. 집에서는 아이스 볼을 만들어주는 전용 틀을 이용해 만들면 편리하다.

- **분쇄 얼음**: 조각 얼음을 잘게 분쇄한 얼음. '크러시드 아이스'라고도 불린다. 조각 얼음을 깨끗한 면포로 감싼 뒤 머들러로 으깨서 만들 수 있다.

‖ 애주가의 TMI ‖

집에서 칵테일을 만들다 보면 얼음이 부족하거나, 냉동실의 음식 냄새가 얼음에 배어있곤 하죠. 그럴 때는 편의점과 마트에서 판매하는 돌 얼음과 아이스커피용 조각 얼음을 사용해도 편리합니다.

탄산수

베이스가 되는 술에 탄산감을 불어넣고, 마시기 편하게 희석하는 용도로 사용합니다. 칵테일에 사용할 때는 향이 없는 제품(플레인 또는 클럽 소다)을 사용합니다.

과일 주스

레몬, 라임, 오렌지, 자몽과 같은 감귤Citrus류와 크랜베리, 파인애플 주스 등을 주로 사용합니다. 모든 주스류는 생과일을 사용하는 것이 가장 맛이 좋습니다. 생과일이 없을 경우, 시판 주스를 사용합니다.

|| 애주가의 TMI ||

칵테일에 자주 쓰이는 주스 중 레몬, 라임 주스는 직접 과일을 짜서 쓰거나 과즙 100%의 주스를 사용해야 합니다.
예) 레이지 레몬 주스, 나탈리스 레몬·라임 주스

생과일

칵테일에는 특별한 제약 없이 모든 과일을 사용할 수 있습니다. 대중적으로 알려진 칵테일 레시피에는 주로 감귤류의 과일이 많이 사용됩니다. 신선한 과일의 과육뿐만 아니라, 껍질에 배어있는 오일을 이용해 손쉽게 칵테일 맛을 업그레이드할 수 있습니다.

|| 애주가의 TMI ||

감귤류 과일을 손질하는 방법에 따라 불리는 이름이 달라집니다.

 • 웨지: 8~12등분한 형태.   • 휠: 동그란 모양으로 자른 형태.

 • 필: 얇게 깎은 과일의 껍질을 부르는 명칭.   • 슬라이스: 반원 모양의 형태.

|| TIP ||

레몬, 라임, 오렌지, 자몽 등의 감귤류는 껍질 속에 풍부한 향의 오일을 품고 있습니다. 잘라낸 껍질의 바깥 면을 잔 방향으로 비틀어주면, 술과 잔 표면에 오일이 입혀져 쉽고 빠르게 칵테일의 풍미가 향상됩니다.

달걀흰자
칵테일에 부드럽고 푹신한 질감을 담고 싶을 때 주로 사용합니다.

|| 애주가의 TMI ||

칵테일에 날달걀이 들어간다고 하면 놀라는 경우가 종종 있습니다. 하지만 신선한 달걀흰자가 들어간 칵테일을 마시면, 지금까지 마셔보지 않은 자신을 탓할 정도로 부드러운 맛이 일품입니다. 달걀 냄새 역시 나지 않고요.

유제품(우유, 버터, 생크림)
칵테일에 고소하고 부드러운 맛을 넣고 싶을 때 사용합니다. 버터는 주로 무염 버터를 사용합니다.

허브
로즈마리, 애플 민트, 바질 등은 칵테일에 신선함과 향긋함을 더해줍니다. 머들러로 빻아서 사용하거나 장식(가니쉬)의 용도로 사용합니다.

설탕과 소금
칵테일의 맛을 보완할 때 사용하기도 하지만, 주로 잔의 가장자리에 묻히는 용도로 사용합니다.

비터스
고도수의 스피릿에 각종 허브 및 향신료의 농축된 풍미를 담은 술입니다. 향이 강하고 풍부해서 칵테일에 악센트를 주고 싶을 때 조미료처럼 사용합니다. 세계적으로 유명하고 자주 쓰이는 비터로는 '앙고스투라 비터스 Angostura Bitters'가 있습니다.

탄산음료

베이스가 되는 술에 탄산감과 달콤한 맛, 음료 특유의 향을 담고 싶을 때 사용합니다.

- **콜라**: 콜라 나무의 종자와 코카 잎, 캐러멜을 넣어 만든 탄산음료.
- **진저 에일, 진저 비어**: 생강 향이 나는 탄산음료. 일반적으로 진저 비어의 향이 더 강하다.
- **토닉 워터**: 탄산수에 퀴닌 향과 감미료를 넣은 달콤 쌉쌀한 음료. 진로, 슈웹스, 토마스 헨리 등 다양한 브랜드에서 생산한다.

시럽

물과 설탕, 과즙 등을 섞어 만든 재료입니다. 칵테일에 단맛을 더해줍니다.

- **설탕 시럽**: 설탕과 물을 일정한 비율로 섞어 만든 재료.
- **그레나딘 시럽**: 석류 시럽으로, 칵테일에 붉은 색과 단맛을 담고 싶을 때 주로 사용한다.
- **메이플 시럽**: 단풍나무 수액을 끓여 만든 시럽.

향신료

정향, 팔각, 넛멕, 시나몬 등 칵테일의 맛과 향을 보완하며 장식하는 용도의 재료입니다. 재료에 따라 가루를 내어 사용하거나(넛멕), 불에 그을려 훈연 향을 담기도 합니다(시나몬).

체리 절임

걸쭉한 체리 시럽에 절인 체리로, 진하고 달콤한 맛을 가져 칵테일에 장식하거나 맛을 낼 때 사용합니다. '룩사르도 마라스키노 체리' 제품을 추천합니다.

칵테일 제조 도구

집에서도 손쉽게 칵테일을 만들 수 있도록 도와줄 칵테일 도구의 이름과 용도를 소개합니다.

홈 바의
필수품

지거 Zigger

칵테일에 섞을 음료의 용량을 정확히 측정하기 위해 사용하는 도구입니다. 안쪽에 용량을 확인할 수 있는 안내선이 그려져 있으며, 30ml/45ml, 22ml/44ml 등의 용량이 있습니다. 처음 사용하는 사람은 투명한 재질의 지거를 사용하면 편리합니다.

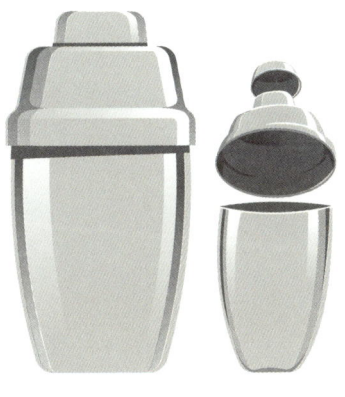

코블러 셰이커 Cobbler Shaker

가장 널리 사용되는 셰이커입니다. 캡, 스트레이너, 바디로 구성돼있습니다. 스트레이너에 뚫린 작은 구멍으로 특별한 도구 없이도 음료만 따라낼 수 있어 편리합니다.

스트레이너 Strainer

구멍이 뚫린 금속판과 나선형 와이어로 이루어진 도구입니다. 믹싱 글라스와 보스턴 셰이커를 이용해 칵테일을 만들 때, 음료만 걸러낼 수 있도록 도와줍니다.

바 스푼 Bar Spoon

술과 부재료를 섞을 때 사용하는 기다란 형태의 스푼입니다. 또 용량(5ml)을 재기도 합니다. 자루의 끝부분엔 재료를 쉽게 으깰 수 있는 머들러, 혹은 불필요한 재료를 건져낼 수 있는 포크가 달려있습니다. '믹싱 스푼'이라고도 부릅니다.

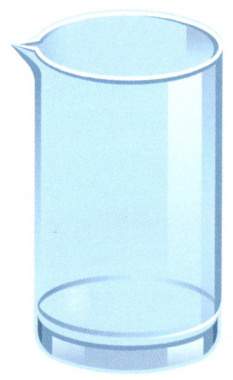

믹싱 글라스 Mixing Glass

칵테일을 제조할 때 사용하는 넓은 입구를 가진 잔입니다. 잔 끝에 주둥이가 달린 것이 사용하기 편리합니다.

보조 도구

핸드 레몬 스퀴저 Hand Lemon Squeezer
스퀴저보다 쉽게 감귤류의 과즙을 추출할 수 있는 도구입니다. 껍질까지 함께 눌러줘 강한 향을 얻을 수 있습니다.

보스턴 셰이커 Boston Shaker
유리잔과 스테인리스 스틸 바디로 구성된 칵테일 셰이커입니다. 얼음을 넣고 꽉 맞물린 뒤 흔들면 급격한 온도 차로 완벽하게 밀폐됩니다. 내부 공간이 넓어 보다 많은 용량의 칵테일을 만들 수 있고, 음료에 풍성한 공기를 넣어 부드러운 질감을 만들어줍니다.

더블 스트레이너 Double Strainer
미세한 얼음 조각과 허브 등의 자잘한 재료를 걸러낼 때 사용하는 도구입니다.

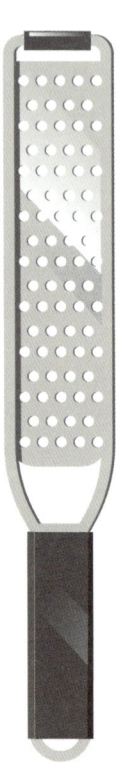

스퀴저 Squeezer
레몬, 라임 등 감귤류의 과즙을 쉽게 추출할 수 있는 도구입니다.

머들러 Muddler
나무나 스테인리스 재질로 된 막대입니다. 각종 허브와 과일 등을 으깨는 용도로 사용합니다.

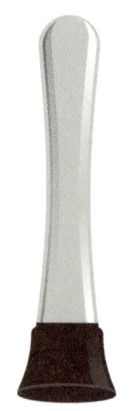

제스터 Zester
감귤류의 껍질을 손쉽게 벗길 수 있는 도구입니다. 잘게 갈리듯 벗겨진 껍질은 풍미와 향을 극대화합니다.

푸어러 Pourer
병에서 나오는 음료를 손쉽게 따를 수 있는 도구입니다.

아이스픽 Ice Pick
커다란 얼음을 쉽게 쪼갤 수 있는 송곳 형태의 도구입니다.

믹서 Mixer
프로즌이나 스무디 스타일의 칵테일을 만들 때 사용하는 도구입니다.

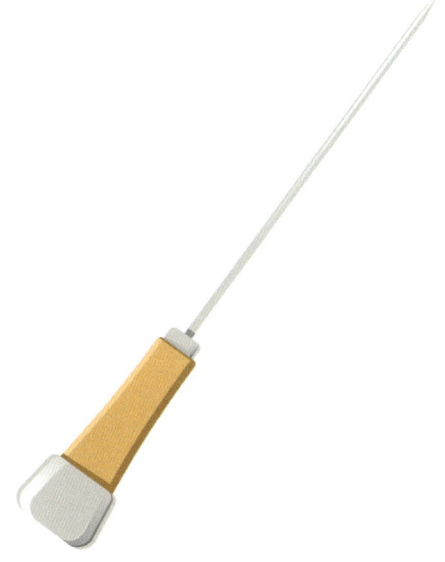

|| 애주가의 TMI ||

칵테일 만드는 도구는 바 전문 용품을 판매하는 '바메이드', '빠다몰' 등 여러 온라인 사이트에서 손쉽게 구입할 수 있습니다. 홈텐딩, 조주기능사 등으로 검색하면 초보 입문자를 위한 세트도 잘 꾸려져 있습니다.

칵테일의 글라스

완벽한 칵테일을 만드는 또 다른 주인공, 글라스입니다. 어떤 글라스에 담느냐에 따라 맛부터 향, 분위기까지 완전히 달라집니다.

마티니 글라스 Martini Glass

주로 숏 드링크 칵테일을 담을 때 사용하는 글라스로, '칵테일 글라스'라고도 불립니다. 칵테일 글라스의 아이콘이라고 할 수 있습니다.

하이볼 글라스 Highball Glass

200ml 정도의 롱 드링크 칵테일을 담을 때 주로 사용하는 글라스입니다. 비슷한 형태의 대용량 글라스는 '콜린스 글라스 Collins Glass'라고 부릅니다.

브랜디 글라스 Brandy Glass

튤립 형태의 잔으로, 향이 풍부한 브랜디나 위스키 등을 마실 때 주로 사용합니다.

온더락 글라스 On the rocks Glass

얼음과 함께 위스키를 즐길 때 주로 사용하는 글라스입니다. '락스 글라스 Rocks Glass'로도 불립니다.

쿠프 글라스 Coupe Glass

둥근 반원 형태의 글라스로, 샴페인 건배용으로 많이 사용돼 '샴페인 글라스 Champagne Glass'로도 불리는 잔입니다.

|| 애주가의 TMI ||

전용 잔은 온라인에서 쉽게 구입할 수 있습니다. 깨지는 것이 걱정된다면 대형 마트, 다이소, 자주 등 오프라인에서도 구할 수 있답니다. 가격 대비 품질이 좋은 '우수이OUSUI' 제품과, 가격대가 높은 편이지만 '리델Riddel'이나 '기무라 글라스Kimura Glass'의 제품도 추천합니다.

샷 글라스 Shot Glass

증류주를 샷으로 마실 때 주로 사용하는 글라스로, 슈터Shooter 스타일 칵테일을 제조할 때 사용합니다.

플루트 글라스 Flute Glass

샴페인을 담을 때 주로 사용하는 슬림한 형태의 글라스입니다.

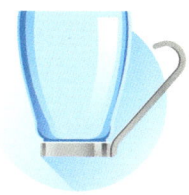

토디 글라스 Toddy Glass

토디 칵테일을 담을 때 사용하는 글라스입니다. 뜨거운 음료를 담기 때문에 내열 유리로 만듭니다.

마가리타 글라스 Margarita Glass

마가리타 칵테일을 담을 때 사용하는 글라스입니다. 2단으로 이루어진 형태가 특징입니다.

와인 글라스 Wine Glass

와인을 담을 때 사용하는 글라스로, 칵테일에서는 양이 많은 롱 드링크를 담을 때 사용합니다.

글렌캐런 글라스 Glencairn Glass

위스키의 향을 보다 잘 즐길 수 있도록 튤립 형태로 생긴 글라스입니다.

칵테일 제조 기법

칵테일을 제조하는 기법은 크게 네 가지로 분류합니다. 능숙해지는 데 시간이 좀 필요하지만, 익숙해지면 집에서도 충분히 즐길 수 있습니다. 도구가 있다면 있는 대로, 없다면 없는 대로 응용해서 칵테일을 만들어봅시다.

Build 빌드

직접 넣기

얼음이 든 잔에 술과 부재료를 넣어 직접 섞는 제조법입니다. 특별한 도구 없이도 칵테일 제조가 가능합니다.

예) 블랙 러시안, 쿠바 리브레

필요 도구: 잔, 지거, 스푼

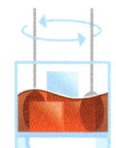

1. 잔에 얼음을 넣는다.

2. 술과 음료수, 부재료를 레시피에 맞게 넣는다.

3. 바 스푼을 이용해 아래에서 위로 얼음을 들어 올리듯이 가볍게 젓는다.

|| 애주가의 TMI ||

칵테일을 만들 때 재료를 넣는 순서는 만드는 사람의 자유입니다. 다만, 초보자라면 저렴한 재료부터 비싼 재료 순으로 넣는 것도 좋은 방법입니다. 중간에 실수하더라도 부담 없이 다시 만들 수 있으니 말이죠!

Stir
스터

젓기

믹싱 글라스에 얼음과 재료를 넣고 바 스푼을 이용해 섞는 제조법입니다. 재료 고유의 향을 살리는 섬세한 제조법으로, 주로 알코올 도수가 강한 숏 칵테일을 만들 때 사용하는 기법입니다.

예) 맨해튼, 드라이 마티니

필요 도구: 믹싱 글라스, 바 스푼, 스트레이너

1.
믹싱 글라스 또는 입구가 넓고 깊은 잔에 얼음을 넣고, 술과 부재료를 레시피에 적힌 분량대로 넣는다.

2.
바 스푼을 이용해 잘 젓는다. 글라스에 성에가 끼기 시작하면 음료가 차가워진 것(지나치게 오래 저으면 칵테일이 묽어질 수 있으니 주의!).

3.
차갑게 보관한 잔을 준비하고, 음료가 담긴 믹싱 글라스 위에 스트레이너를 올린 뒤 기울여 음료만 잔에 따른다.

|| 애주가의 TMI ||

어떤 칵테일을 만들 것인가에 따라 바 스푼을 젓는 속도, 젓는 시간 등을 달리 하면 칵테일의 완성도에 변주를 줄 수 있습니다.

Blending
블렌딩

믹서로 섞기

믹서에 술과 과일, 부재료, 얼음을 넣고 갈아내는 제조법입니다. 섞기 힘든 재료, 슬러시 타입의 칵테일을 만들 때 주로 사용합니다.

예) 피냐 콜라다, 프로즌 다이키리

필요 도구: 믹서, 지거

1.
믹서에 재료와 얼음을 넣고 뚜껑을 닫는다.

2.
스위치를 눌러 믹서를 작동시킨다. (너무 오래 갈면 얼음이 지나치게 녹아 칵테일이 묽어질 수 있으니 주의!)

3.
차갑게 보관한 잔을 준비한 뒤, 믹서 뚜껑을 열고 잔에 따른다.

Shaking
셰이킹

흔들어 섞기

잘 섞이지 않는 재료를 충분히 혼합하거나 칵테일의 맛을 부드럽게 만들고 싶을 때 사용하는 제조법입니다. 음료가 빠르게 차가워지며 셰이킹 과정에서 음료에 공기가 들어가 맛이 부드러워집니다.

예) 그래스호퍼, 다이키리

필요 도구: 셰이커, 지거, 잔

1.
셰이커의 2/3까지 얼음을 채우고 재료를 넣는다.

2.
스트레이너와 캡을 차례로 씌운 뒤 한 손으로는 셰이커의 바닥과 스트레이너를, 다른 한 손으로는 셰이커의 바디와 캡을 잡아준다. 그리고 셰이커에 성에가 생길 정도로 8~10초 충분히 흔든다.

3.
차갑게 보관한 잔을 준비해, 캡을 열고 스트레이너가 분리되지 않도록 잘 잡은 뒤 잔에 따른다.

|| 애주가의 TMI ||

셰이커를 결합할 때는 반드시 스트레이너, 캡 순서로 닫아야 합니다. 한 번에 닫으면 내부 기압 차로 뚜껑이 날아갈 수 있습니다.

*** 보조기법 ***

Chilling
칠링

칵테일을 담기 전 글라스를 차갑게 하는 기법입니다. 칵테일을 제조하기 전, 비어있는 잔에 얼음을 담아 온도를 낮춰둡니다. 음료를 담기 직전에 얼음을 제거하고 사용합니다.

Rimming
리밍

글라스의 가장자리에 소금이나 설탕 등을 장식할 때 사용하는 기법입니다. 마치 잔에 눈이 쌓인 모습과 같다고 해서 '스노 스타일 Snow Style'이라고도 부릅니다.

1. 평평한 접시에 소금 또는 설탕을 넓게 펴준다.
2. 글라스의 가장자리에 레몬 등을 이용해 과즙을 바른다.
3. 잔을 뒤집어 재료를 고르게 묻힌다.

Float
플로트

칵테일에 층을 내기 위해 음료가 섞이지 않도록 띄우듯이 따르는 제조법입니다. 비중이 무거운 음료부터 가벼운 음료 순으로 따르면, 자연스러운 층이 만들어집니다. 바 스푼의 뒷면을 이용해 조심스럽게 따르면 보다 완성도 높은 칵테일을 만들 수 있습니다.

애주가의 TMI

맛있는 칵테일 만드는 TIP

홈 칵테일의 맛을 끌어올려줄 간단하고 중요한 팁을 알아보자.

1. 계량은 반드시 정확하게!
칵테일의 생명은 계량이라고 해도 과언이 아니다. 반드시 레시피에 명기된 용량을 정확하게 지켜야 맛있는 칵테일을 만들 수 있다. 꼭 기억하자!

2. 탄산음료는 무조건 차갑게!
탄산음료는 낮은 온도일 때 탄산이 더 강하게 느껴지기 때문에 차가울수록 좋다. 칵테일을 만들기 바로 직전까지 냉장 보관했다가 사용하자.

3. 얼음을 아끼지 말자!
칵테일을 만들다 보면 칵테일 한 잔에 정말 많은 양의 얼음이 필요하다는 걸 느낄 수 있다. 맛있는 칵테일엔 꼭 적정량의 얼음이 필요하니, 가급적 아끼지 말고 사용하자. 셰이킹, 스터를 마친 얼음은 반드시 버리고 새 얼음을 사용해야 한다.

4. 잔은 차가울수록 옳다!
냉동실에 공간이 있다면 잔은 꼭 차갑게 보관하는 것이 좋다. 공간이 없다면 음료를 담기 전 잔에 얼음을 채워 차갑게 칠링한 뒤 사용하자. 쉽고 빠르게 칵테일의 맛을 업그레이드 할 수 있다.

5. 100%를 찾아라!
맛있는 칵테일을 만들고 싶다면 다소 번거롭더라도 생과일의 즙을 사용하는 것이 가장 좋다. 하지만 매번 생과일을 갖춰두기란 보통 어려운 일이 아니다. 이럴 땐 과즙 100%가 들어간 주스를 사용하면 좋다. '나탈리스 Natalie's', '스테릴가르다 Sterilgarda' 등의 100% 착즙 주스를 온라인으로 쉽게 구입할 수 있다.

PART 2

스피릿 탐구

스피릿 탐구생활

보드카, 럼, 테킬라, 진, 브랜디, 위스키…… 출신지부터 맛까지, 저마다 개성이 뚜렷한 이 술들을 묶어주는 한 가지 공통점이 있습니다. 바로 여섯 종류 모두 스피릿Sprit이라고 불린다는 점이죠. 스피릿은 증류 기법으로 만드는 술로, 재료와 방법에 따라 깔끔하고 산뜻한 맛부터 복잡하고 화려한 맛까지 저마다 다른 풍미를 가집니다. 알코올 도수가 높아 취향에 따라 다양한 방법으로 마실 수 있고 보존성도 훌륭해 여유롭게 즐길 수 있는 술, 스피릿! 자칭, 타칭 애주가라면 공들여 탐구해볼 만하겠죠? 2장에서는 칵테일의 주연, 스피릿의 개념부터 특징, 맛있게 마시는 방법까지 소개합니다.

스피릿이란?

곡물이나 과일 등을 발효한 술을 증류해 알코올 함량을 높인 술입니다. 증류주라고도 부릅니다. 맥주, 와인, 청주 등 재료와 관계없이 모든 양조주는 증류를 거치면 증류주로 만들 수 있습니다. 시중에서 만날 수 있는 알코올 도수 20% 이상의 술은 대부분 증류주에 해당합니다.

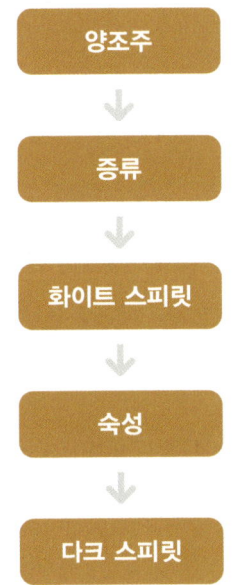

화이트 스피릿과 다크 스피릿

스피릿은 술의 색깔에 따라 화이트 스피릿과 다크 스피릿으로 구분합니다. 화이트 스피릿은 숙성을 거치지 않거나 스테인리스 통에서 짧게 숙성한 무색투명한 술 입니다. 다크 스피릿은 오크통에 오랫동안 숙성시켜 나무 색을 머금은 갈색 빛의 술이죠.

대표적인 화이트 스피릿

보드카, 화이트 럼, 테킬라 실버, 증류식 소주, 진, 일본 소주

대표적인 다크 스피릿

위스키, 브랜디, 다크 럼, 테킬라 아네호

--- 애주가의 TMI ---

양조주도 특별한 기술을 사용하면 알코올 도수를 20% 이상으로 올릴 수 있습니다. 독일 맥주의 한 종류 '아이스복 Icebock'은 술을 얼려 표면에 떠오르는 얼음(물)만을 제거하는 제조법으로 20%가 훌쩍 넘는 맥주를 만들어냅니다.

증류 탐구생활

증류란?

술(양조주)을 이루고 있는 물과 알코올의 끓는점 차이를 이용해 두 성분을 분리하는 제조법입니다. 맥주나 와인 같은 양조주를 가열하면, 물(100℃)보다 끓는점이 낮고 휘발성이 강한 알코올(78℃)이 먼저 기체가 돼 날아가죠. 떠오른 기체를 분리해 차갑게 식히면 기화됐던 알코올이 다시 액체로 변합니다. 이 같은 과정을 통해 원재료의 에센스가 담긴 높은 알코올 도수의 술, 증류주가 됩니다.

일반적인 증류주는 2~3회 이상의 증류를 거쳐 완성됩니다. 증류를 거듭할수록 물의 함량과 원재료의 풍미가 줄어들죠. 반대로 알코올 도수는 높아지면서 순수한 알코올에 가까운 술이 만들어집니다.

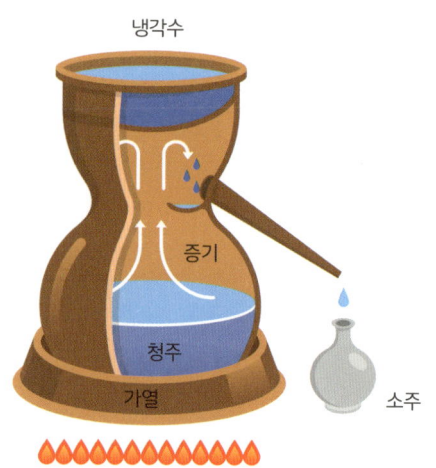

전통 소주고리로 알아보는 증류의 원리

세계의 다양한 증류주

용설란을 발효 및 증류해서 숙성한 술 — 테킬라
사탕수수를 발효 및 증류해서 숙성한 술 — 럼
와인을 증류해서 나무통에 숙성한 술 — 브랜디

진 — 곡물을 증류한 뒤 주니퍼베리와 향신료의 향을 입힌 술
보드카 — 곡물이나 과일 등을 증류해서 여과한 술
위스키 — 곡물을 증류해서 나무통에 숙성한 술

증류는 많이 할수록 좋을까?

시중에 출시되는 스피릿의 라벨을 살펴보면, 종류와 관계없이 증류를 뜻하는 '디스틸레이션Distillation'이라는 단어를 자주 볼 수 있습니다. 각각의 브랜드는 자신의 술이 몇 번의 증류를 통해 완성됐는지 큼지막하게 표기하기 때문이죠. 그런데 과연 증류 횟수가 높을수록 좋은 술을 의미하는 것일까요?

증류주는 증류를 거듭할수록 알코올 도수가 높아지면서 순수한 알코올에 가까워집니다. 반면, 양조주가 가지고 있던 재료 고유의 향은 증류 횟수에 비례해 줄어듭니다. 위스키라면 곡물 특유의 풍미가, 와인이라면 포도의 향이 점차 사라지는 것이죠. 깔끔하고 잡미 없는 술을 좋아하는 분은 3회 이상 증류한 술이, 화려하고 복합적인 향미를 좋아하는 분은 짧게 증류한 술이 취향에 맞는 '좋은 술'일 테고요. 그러니 정답은 '취향마다 다르다'가 되겠습니다.

보드카를 비롯한 몇몇 스피릿은 증류 횟수를 적지 않기도 합니다. 횟수를 세는 것이 무의미할 정도로 연속해서 증류가 반복되는 '연속식 증류'라는 증류법을 사용하기 때문입니다.

단식 증류와 연속식 증류

스피릿은 증류 횟수도 중요하지만, 어떤 증류기를 사용하는지도 결과물에 큰 영향을 끼칩니다. 물론 술을 만들 것도 아닌데, 증류기까지 알아야 하는지 의문이 들 수도 있을 겁니다. 하지만 이 기회에 잘 알아두면 스피릿을 고를 때 무척 유용하게 쓰입니다.

단식 증류기

오랜 역사를 가진 증류법으로, 한 번에 1회분의 증류만 할 수 있어 단식 증류기라고 부릅니다. 증류 과정이 번거롭고 시간이 오래 걸리지만, 원재료의 맛과 향을 술에 담을 수 있어 오늘날까지 널리 사용되고 있습니다. 단식 증류는 2~3회의 증류를 반복해 술을 완성합니다. 외관이 주전자 형태를 닮았다고 해서 '팟 스틸Pot Still'이라고도 부릅니다.

단식 증류기를 주로 사용하는 스피릿
몰트 위스키, 다크 럼, 테킬라, 증류식 소주, 브랜디 등

연속식 증류기

발효액을 투입함과 동시에 연속해서 증류가 일어나는 증류기입니다. 단식 증류기와 반대로 깔끔하고 가벼운 술을 만들 때 사용합니다. 증류가 거듭 반복되면서 원재료의 풍미는 대부분 사라지지만 순도 높은 알코올을 빠르고 효율적으로 얻을 수 있죠. 이 증류기를 통해 완성하는 96%의 스피릿을 한국에서는 '주정酒精'이라고 부릅니다. 외관이 탑 형태로 우뚝 솟아 있어 '칼럼 스틸 Column Still', 또는 만든 이의 이름을 따 '코페이 스틸 Coffey Still'이라고도 부릅니다.

연속식 증류기를 주로 사용하는 스피릿
보드카, 화이트 럼, 그레인 위스키, 희석식 소주 등

스피릿 탐구 준비

칵테일 키워드

칵테일명

난이도

#상큼한_일출 #아름다운 #생각보다_쉽다

재료

조각 얼음 | 테킬라 실버 40ml | 오렌지 주스 90ml
그레나딘 시럽 10ml

Tequila Sunrise
테킬라 선라이즈

하이볼 글라스, 빌드, 올데이 ● ─── 글라스, 제조 기법, 시음 시기별 분류

1. 하이볼 글라스에 얼음을 채운다.
2. 테킬라, 오렌지 주스를 넣은 뒤 가볍게 젓는다. ● ─── 레시피
3. 바 스푼을 이용해 그레나딘 시럽을 천천히 흘리면 끝!

TIP ‖ 젓지 않았을 때가 보기엔 예쁘지만 시럽이 많이
달콤하니 마시기 전에 잘 저어주자.

레시피 팁

추천

추천 칵테일
표시

스피릿 탐구 파트에서는 보드카, 럼, 테킬라, 진, 위스키, 브랜디 총 6가지 대표 스피릿에 대해 집중적으로 알아봅니다. 전체적으로 스피릿에 관한 설명과 분류법, 그 스피릿을 대표하는 술과 이를 활용한 홈 칵테일 레시피로 구성했습니다. 마지막에는 알아두면 좋을 칵테일 상식 또는 프리미엄 리뷰를 실어 흥미를 더했습니다.

구성

1. **설명:** 해당 스피릿의 개념과 특징, 정보를 알려줍니다.
2. **스피릿의 분류:** 각각의 기준에 따라 구분되는 술의 종류를 보여줍니다.
3. **대표적인 스피릿:** 해당 스피릿을 대표하는 술을 소개합니다.
4. **홈 칵테일 레시피:** 해당 술을 활용해 만들 수 있는 간단한 칵테일 레시피를 소개합니다.
5. **애주가의 TMI** 또는 **프리미엄 리뷰:** 알아두면 좋을 칵테일 상식이나 흥미로운 스토리, 그리고 작가가 직접 마시고 느낀 술에 대한 리뷰를 소개합니다.

‖ TIP ‖

- 1tsp의 기준은 바 스푼 가득(약 5ml)을 의미합니다.
- 비터를 사용할 때 등장하는 1dash는 약 1ml(2~3방울)를 의미합니다.
- 레시피의 레몬·라임 주스는 레모네이드가 아닌 '과즙'을 의미합니다. 생과일의 즙을 짜서 사용하거나 시판 레몬, 라임즙을 희석하지 않고 그대로 사용하면 됩니다.
  예) 레이지 레몬·라임 주스, 나탈리나 주스, 솔리몬 레몬즙 등
- 모닌 설탕 시럽: 설탕 시럽은 가장 구하기 쉬운 '모닌Monin'의 '슈가 케인 시럽'을 사용했을 때의 기준으로 기재했습니다. 모닌의 설탕 시럽은 일반 시럽보다 당도가 높아, 집에서 만든 설탕 시럽을 사용할 경우 '설탕 2, 물 1의 비율로 만든 리치 시럽'을 사용하길 권장합니다.

VODKA 보드카
모두와 잘 어울리는 스피릿계의 인싸

#깔끔함 #깨끗함 #섞기_쉬운 #칵테일_입문용_스피릿

순도 높은 알코올을 여과해 깔끔하고 투명한 맛을 지닌 술, 보드카. 무색, 무취, 무미에 가까운 맛 덕분에 어떤 음료든 보드카 한 잔만 더해주면 순식간에 칵테일로 변신할 수 있죠. 처음 보는 재료와도 '절친'처럼 쉽게 어우러지는 보드카야말로 '인싸'라는 유행어에 딱 들어맞는 술이 아닐까요?

보드카란?

감자, 호밀, 과일 등을 발효시켜 만든 술을 증류해 '여과 과정'을 거쳐 만드는 술입니다. 깔끔한 맛과 투명한 색을 띠고 있죠. 사탕수수를 사용해야 하는 럼이나, 용설란을 사용해야 하는 테킬라 등과 달리 '재료를 특정하지 않는 특징'이 있습니다.

보드카의 어원과 기원

물을 의미하는 러시아어 '보다^{Voda}'에서 유래한 명칭입니다. 그래서인지 보드카의 원조는 러시아라는 인식이 강합니다만, 폴란드 역시 9세기부터 보드카를 만들었다고 주장하고 있습니다. 두 나라 모두 자신이 원조라고 주장해 법정까지 갔으나 결과는 매번 무승부로 끝났습니다. 현재까지도 정확한 판결은 나지 않은 상태죠.

보드카별 맛의 차이

대부분의 보드카는 완성 뒤 부재료를 넣지 않고, 여과 과정까지 거치기 때문에 순수한 알코올에 가까운 맛입니다. 물론 각각의 보드카마다 원재료와 제조법이 다르기 때문에 미묘한 맛과 향, 질감의 차이는 있습니다. 하지만 그 차이가 크지 않아 브랜딩 또는 마케팅에 따라 인기가 갈리곤 하죠.

2000년대 이후부터는 포도를 사용해, 누가 마셔도 확연한 차이를 느낄 수 있는 '시락^{Ciroc}' 같은 프리미엄 보드카가 유행하기 시작했습니다. 그 후로 단식 증류를 통해 원재료의 맛을 드러내거나 풍미가 있는 물을 섞어 차별화를 꾀한 보드카가 속속 등장하고 있습니다.

─── ∥ 애주가의 TMI ∥ ───

소주 VS 보드카

보드카 못지않게 투명한 한국의 술, 소주! 두 술 모두 투명하다는 공통점 외에도 순수한 알코올(주정)을 바탕으로 만든다는 점이 같죠. 주정에 물을 섞어 적정 도수(평균 40%)로 희석 및 여과하면 보드카가, 주정에 물을 섞어 적정 도수(평균 17%)로 희석해 감미료 및 조미료를 배합하고 여과하면 소주가 됩니다. 많은 애주가들이 소주가 너무 달다거나 인공적인 맛이 강해 싫다고 하는 것은 소주가 재료 고유의 맛과 향이 아닌 첨가물로 맛을 냈기 때문입니다.

포도가 일으킨 전쟁

보드카는 '보드카 벨트'라고 불리는 폴란드, 러시아 등 동유럽과 북유럽 등지에서 몇 세기에 걸쳐 사랑받아 온 술입니다. 이 지역들은 감자, 호밀과 같은 곡물을 원료로 보드카를 만들었죠. 그런데 2003년, 한 프랑스 증류소에서 포도를 이용해 만든 보드카 시락을 세상에 내놓으며 큰 인기를 끌었습니다. 이 일은 보드카 벨트 안에서 큰 논란이 일어납니다.

'보드카는 곡물을 재료로 만들어온 우리의 전통주인데, 프랑스에서 만든 술을, 심지어 포도로 만든 술을 보드카라고 부른다고?'

원산지, 재료 등에 엄격한 기준을 정해둔 다른 술(샴페인, 스카치 위스키, 코냑 등)과 달리, 보드카에 대한 정의는 느슨히 해둔 탓에 벌어진 일이었죠. 그 뒤 수많은 논쟁을 거치다가 2007년, 유럽 연합(EU)은 다음과 같은 중재안을 냅니다.

"감자, 곡물, 당밀 외의 재료로 증류한 알코올음료는 라벨에 보드카의 재료를 적어야 한다."

시락의 경우 '포도 보드카'라고 라벨에 적어야 한다는 것이죠. 사실상 포도를 사용해도 보드카라고 이름 붙일 수 있다는 결론이었습니다. 보드카 벨트 국가들은 크게 반발했지만, 사건은 일단락 지어졌습니다.

이후 곡물 외의 재료인 메이플 시럽, 치즈, 꿀 등을 이용해 만든 개성 넘치는 보드카가 속속 등장하고 있습니다. 보드카 벨트 국가들의 입장에서는 자신들의 전통주가 손상된 기분이었죠. 하지만 애주가의 입장에서는 다양한 재료로 만든 개성 있는 보드카를 만날 수 있게 된 흥미로운 결론이라고 할 수 있습니다.

보드카의 분류

보드카는 다른 스피릿과 달리 오크통 숙성을 거치지 않아 분류가 단순합니다. 크게 두 종류로 구분할 수 있습니다.

Vodka 보드카
곡물 또는 과일 등을 발효 및 증류해 여과 과정을 거친 술.
예) 앱솔루트 보드카, 스미노프 레드, 단즈카

Flavored Vodka 플레이버드 보드카
완성된 보드카에 과일, 허브 등 부재료의 향과 당을 첨가한 보드카. 사과, 레몬, 서양배, 바닐라, 복숭아, 코코넛 등 다양한 재료의 향을 입혀 종류가 무척 다양하다.
예) 앱솔루트 바닐라, 그레이 구스 포아, 시락 코코넛

‖ 애주가의 TMI ‖

인퓨징 보드카 Infusing Vodka

몇몇 바에서는 자신이 원하는 맛을 만들어내기 위해 보드카에 직접 재료를 넣는 방식Infusing을 거치기도 합니다. 청양 고추, 레몬 필, 건포도 등 시중의 보드카 브랜드에서 생산하지 않는 맛을 창조하는 것이죠. 바에 놀러갈 때 인퓨징이라는 단어가 들어간 보드카를 발견한다면 주문해보는 것도 재밌는 경험일 거예요.

대표적인 보드카

Absolut Vodka
앱솔루트 보드카

보드카, 40%,
2만원 후반~3만원 중반

국내에서 큰 사랑을 받는 스웨덴 보드카. 오래된 약병에서 따온 특유의 병 형태를 활용해 펼치는 다양한 마케팅과 시즌별로 출시하는 한정판 디자인으로 유명하다. 높은 브랜드 인지도와 적당한 가격대에 훌륭한 접근성. 부드럽고 모나지 않은 맛으로 언제든 고민 없이 집게 되는 보드카다. 다양한 종류의 플레이버드 보드카도 생산하고 있다.

Smirnoff Vodka Red
스미노프 보드카 레드

보드카, 40%, 1만원 후반~2만원 초반

국내에선 앱솔루트 보드카에 비해 인지도가 떨어지지만, 사실 세계에서 가장 많이 팔리는 보드카는 '스미노프'다. 활성탄을 이용한 여과 방식을 처음 도입해 보드카를 만든 것과 러시아 황실에 납품했던 것으로 유명하다. '기네스', '조니 워커'를 가지고 있는 '디아지오'사의 브랜드 중 하나다. 저렴한 가격의 보급형 제품 '스미노프 레드'와 단식 증류를 이용해 만드는 프리미엄 라인 '스미노프 블랙'을 대형 마트에서 쉽게 만나볼 수 있다.

Grey Goose
그레이 구스

보드카, 40%, 4만원 후반~5만원 초반

슬림하고 감각적인 디자인에서부터 온몸으로 프리미엄임을 드러내는 보드카. 프랑스 코냑 지방에서 생산한다. 다른 제품들과 차별화를 위해 프랑스 피카르디에서 재배한 밀과 코냑 지방의 천연 암반수 등의 재료를 강조한다. 레몬, 오렌지 등의 플레이버드 보드카도 갖추고 있는데 과일 특유의 신선하고 자연스러운 향이 훌륭하다.

Ciroc
시락

포도 보드카, 40%, 5만원 중후반대

보드카 전쟁을 일으킨(?) 보드카계의 별종. 2종의 포도를 원료로, 다섯 번 증류해 만드는 프리미엄 보드카다. 다른 보드카와 확연히 구분되는 선명한 감귤 향과 깔끔하고 부드러운 단맛이 특징이다. 그 자체만으로도 맛이 훌륭해, 굳이 다른 재료와 섞지 않아도 맛있게 즐길 수 있다. 일반적인 곡물 베이스의 보드카를 좋아한다면 특유의 단맛에 호불호가 갈릴 수 있으니 참고하길.

HOME COCKTAIL RECIPE

홈 칵테일 레시피

보드카는 음료수에 샷 한 잔만 넣어도 금세 칵테일로 탈바꿈시키는, 섞어 마시기 완벽한 스피릿이죠. 오렌지, 자몽, 파인애플, 토마토, 레몬, 콜라, 진저 에일, 토닉 워터 등 대부분의 음료수와 잘 어울리니 취향의 음료와 함께 다양하게 도전해보세요. 기본 음료 외에 집에서 쉽게 만들 수 있는 칵테일을 소개합니다.

보드카로 만드는 더 많은 칵테일 레시피는 3장에서 만나볼 수 있습니다!
발랄라이카, 코스모폴리탄, 블루 라군, 레드 러시안, 우우, 섹스 온 더 비치, 리몬첼로 마티니, 하비 월뱅어, 그린 러시안, 에스프레소 마티니, 화이트 러시안, 바바라, 르 피즈, 플랫 화이트 마티니, 베일리스 미드나잇 민트

#소금이_포인트 #상큼_쌉쌀한 #쉽고_맛있는

Salty Dog
솔티 도그

조각 얼음 | 보드카 45ml | 자몽 주스 90~100ml | 가는소금

온더락 글라스, 빌드, 올데이 칵테일

1. 평평한 접시에 가는소금을 적당량 뿌린다.
2. 글라스의 가장자리에 과즙 또는 주스를 묻힌다.
3. 글라스를 뒤집어 접시 위의 소금을 묻힌다.
4. 글라스에 얼음, 보드카, 자몽 주스를 넣는다.
5. 바 스푼으로 가볍게 저으면 끝!

> TIP ǁ 소금 없이 만들면 '그레이하운드Greyhound'라는 칵테일이 된다.

Seabreeze
시브리즈

#산뜻한 #새콤달콤한 #바닷바람

조각 얼음 | 보드카 30ml | 크랜베리 주스 45ml
자몽 주스 45 ml | 라임 웨지

하이볼 글라스, 셰이킹, 올데이 칵테일

1. 셰이커에 얼음, 보드카, 크랜베리 주스, 자몽 주스를 넣는다.
2. 셰이커를 8~10초 흔들어 잘 섞는다.
3. 하이볼 글라스에 따른다.
4. 라임 웨지로 장식하면 끝!

#생강 #상쾌한 #클래식

Moscow Mule
모스코 뮬

조각 얼음 | 보드카 45ml | 라임 주스 15ml
진저 비어 혹은 진저 에일 130ml | 라임 슬라이스

구리 머그컵, 빌드, 올데이 칵테일

1. 컵에 얼음, 보드카, 라임 주스, 진저 비어를 넣는다.
2. 바 스푼으로 가볍게 젓는다.
3. 취향에 따라 라임으로 장식하면 끝!

> TIP ‖ 구리 머그컵이 없다면 하이볼 글라스로 대체할 수 있다.

Black Russian
블랙 러시안

#달짝지근한 #커피향 #은근히_고도수

조각 얼음 | 보드카 40ml | 커피 리큐르(깔루아) 20ml

온더락 글라스, 빌드, 식후주

1. 온더락 글라스에 얼음, 깔루아, 보드카를 따른다.
2. 바 스푼으로 잘 섞으면 끝!

TIP ‖ 깔루아가 무척 달기 때문에 취향에 따라 비율을 조절하는 것을 추천한다.

#강렬한 #달콤한 #고도수

Godmother
갓 마더

조각 얼음 | 보드카 40ml | 아마레또 20ml

온더락 글라스, 빌드, 식후주

1. 온더락 글라스에 얼음, 보드카, 아마레또를 넣는다.
2. 바 스푼으로 잘 저으면 끝!

TIP ǁ 보드카를 스카치 위스키로 바꾸면 '갓 파더 Godfater'가 된다(185쪽).

애주가의 TMI

애주가의 간을 두근거리게 만드는
신기한 보드카

- **풀잎 띄운 보드카**
  폴란드의 유명 보드카 '주브로카 Zubrówka'는 들소가 즐겨 먹는 풀이자 바닐라와 비슷한 향을 내는 것으로 알려진 향모 Bison Grass가 들어간 보드카다. 들소가 그려진 라벨과 쓸쓸하게 누워있는 풀 한 가닥이 왠지 모를 감성과 호기심을 자극한다.

- **세계에서 가장 쎈 보드카**
  주브로카와 마찬가지로 폴란드 보드카인 '스피리터스 Spirytus'는 알코올 도수가 자그마치 96%에 이른다. 그 향과 맛이 궁금하지만, 아쉽게도 국내엔 수입되지 않는다. 유튜브에 스피리터스 보드카를 검색하면 호기심 넘치는 유튜버들의 다양한 분수 쇼(?)를 볼 수 있다.

- **우유로 만든 보드카**
  영국의 '블랙 카우 퓨어 밀크 보드카 Black Cow Pure Milk Vodka'는 젖소의 우유에서 치즈를 만들고 남은 액체, 유장을 이용해 만든 보드카다. 크리미하고 달콤한 맛이 난다고 알려져 있다.

- **다이아몬드로 여과한 해골 보드카**
  투명한 해골 모양의 외관부터 파격 그 자체인 '크리스탈 헤드 보드카 Crystal Head Vodka'는 여과를 '허키머 다이아몬드'라는 수정으로 진행한다. 심지어 이 술을 만든 창업자 중 한 명은 영화 〈고스트 버스터즈〉의 주연 댄 애크로이드. 국내에서도 쉽게 구할 수 있으니, 다이아몬드로 여과한 보드카가 궁금하다면 도전해보자.

프리미엄 리뷰

보드카 월드의 나비 효과,
시락

"너무 맛있는데?"
시락을 처음 마시던 순간, 나도 모르게 감탄사가 튀어나왔다. 개인적으로 칵테일에 넣은 보드카는 좋아하지만, 스트레이트로 마시는 건 선호하지 않았다. 하지만 시락은 은은하고 화사한 시트러스 향과 레몬 사탕을 물에 녹인 것 같은 옅은 단맛, 매끄러운 질감까지 마음에 쏙 들었다. 음식에 어떤 술을 곁들여야 할지 고민하기 귀찮을 때 자연스럽게 꺼내들 것 같았다.
주종을 가리지 않으며 많은 술을 경험하고 공부하면서 느낀 점은, 나의 후각과 미각이 내 기대만큼 특출나지 않다는 점이었다. 경험이 늘면 블라인드 테이스팅도 척척 맞추고, 멋들어진 맛 표현도 만화 〈신의 물방울〉 주인공처럼 유려하게 읊을 수 있을 거라고 생각했다. 하지만 테이스팅의 세계는 겪으면 겪을수록 오히려 더 어렵게 느껴졌다. 특히 보드카같이 맛의 차이가 미묘한 술을 테이스팅할 때면 나 자신이 한없이 작아지는 듯한 생각마저 들었다.
그래서였을까? 다른 보드카와 확연한 차이를 보여주는 시락을 만났을 때 무척이나 반가웠다. 맛 자체도 취향이었지만, 투자한 비용만큼 확연히 다른 맛을 보여주기에 더욱 만족스러웠다. 어떤 이들은 곡물이 아닌 포도로 만들고 여과도 안 한 시락은 진정한 보드카가 아니라며 질색한다던데, 맛있으면 되는 거 아닌가?
전지적 애주가 시점으로 시락이 만들어낸 영향 역시 긍정적으로 생각한다. 우유로 만든 보드카부터 메이플 시럽 보드카, 홉을 넣은 보드카까지, 수많은 논란이 아니었다면 이렇게 다양하고 재밌는 재료의 보드카는 나올 수 없었을 거라고 생각한다. 행여나 그런 술들이 나왔더라도 보드카라는 이름이 붙지 않았다면 지금처럼 알게 되는 것도 어려웠겠지. 평소 보드카 스트레이트에 큰 감흥을 느끼지 못한 분이라면 속는 셈 치고 시락을 마셔보길 진심으로 추천한다.

RUM 럼
집에서 즐기는 한 잔의 휴양지

#트로피컬 #열대느낌 #사탕수수 #달콤한

모히토, 피냐 콜라다, 블루 하와이안, 마이타이…….
한가로운 수영장, 늘어선 파라솔 아래 덱 체어에 누워 일광욕을 즐기며 맛보는 색색의 칵테일. 상상만으로도 시원해지지 않나요? 휴양지를 그리는 각종 매체와 영화에 자주 등장하는 이 칵테일들의 공통점은 모두 베이스가 럼이라는 것입니다. 사탕수수로 만든 술인 럼은 달콤한 맛을 가지고 있죠. 그래서 다양한 과일과 허브를 활용한 트로피컬 칵테일을 만들 때 주로 쓰입니다. 언제 어디서든 당신이 있는 곳을 휴양지처럼 만들어줄 럼에 대해 알아봅니다.

럼이란?

설탕의 원재료인 사탕수수에서 설탕을 만들고 남은 부산물, 당밀을 증류해 만드는 술입니다. 설탕을 만드는 과정에서 당밀의 당이 꽤 빠져나가지만 술을 만드는 데는 부족함이 없죠. 당밀을 발효시킨 뒤 증류를 거치면 특유의 풋풋한 향과 달콤한 풍미를 가진 럼이 만들어집니다.

럼의 어원과 기원

뱃사람의 술, 해적의 술이라고도 불리는 럼은 서인도 제도를 중심으로 17세기부터 만들어진 것으로 알려졌습니다. 하지만 정확한 어원과 기원은 불분명합니다. 럼이라는 이름이 붙은 여러 설 중 '혼란, 소란'을 의미하는 'Rumbullion'의 앞 글자를 땄다는 설이 가장 유명합니다.

럼의 분류

제조국이 다양한 럼은 원산지, 색깔, 제조법 등 다양한 기준으로 분류됩니다. 다만, 다른 스피릿에 비해 법적 규제가 명확하지 않아 색깔을 기준으로 나누는 경우가 가장 일반적입니다.

White Rum(Light Rum) 화이트 럼(라이트 럼)

숙성을 거치지 않거나, 짧은 시간 숙성한 투명한 럼. 원재료 고유의 향을 느낄 수 있다. 그냥 마시기엔 알코올이 튀는 경우가 많아 주로 칵테일의 베이스로 사용한다.

예) 바카디 슈페리어, 하바나 클럽, 아네호 블랑코

Gold Rum(Medium Rum) 골드 럼(미디엄 럼)

오크통에서 단기간 숙성한 럼. 오크통의 영향을 받아 바닐라, 캐러멜 등의 풍미와 단맛을 느낄 수 있으며 색상이 황금빛이다. 일부 럼은 캐러멜 색소를 넣어 색을 만들기도 한다. 화이트 럼과 마찬가지로 주로 칵테일용으로 사용한다.

예) 바카디 골드, 레헨다리오 론 도라도

Dark Rum(Heavy Rum) 다크 럼(헤비 럼)

오크통에서 장기간 숙성한 럼. 새 나무통이 아닌 다른 술(주로 위스키)을 숙성했던 통을 재사용해 숙성하기 때문에, 그 전에 담았던 술의 복합적인 풍미를 함께 느낄 수 있다. 숙성 기간이 긴 만큼 진갈색에 가까운 어두운 색을 띤다. 일부 럼은 캐러멜 색소를 섞어 색을 만들기도 한다. 오랜 숙성으로 맛이 부드럽고 오크통의 풍부한 향과 럼 특유의 달콤한 맛이 어우러져 스트레이트로 마시기 좋다.

예) 바카디 8, 플랜테이션 오리지널 다크 럼

Spiced Rum 스파이스드 럼

각종 향신료를 섞어 만든 럼. 계피, 바닐라, 생강, 오렌지 필, 캐러멜 등을 넣어 럼에 복합적인 풍미를 더한다. 브랜드마다 사용하는 재료가 다르기 때문에 맛과 향, 색상 역시 제품마다 다르다.

예) 캡틴 모건, 더 크라켄 블랙 스파이스드 럼

 Flavored Rum 플레이버드 럼

마시기 편하도록 코코넛, 과일 등의 향을 입힌 럼. 주스류와 섞어 마시기 좋다. 과일이나 주스를 직접 구할 여건이 안 될 때 사용하기 좋지만, 활용이 제한적이라는 단점이 있다.

예) 바카디 빅 애플, 말리부

|| 애주가의 TMI ||

럼은 분류법이 굉장히 다양하지만, 아직 럼 시장이 크지 않은 국내의 경우 다양한 스타일의 럼을 접하기 어렵습니다. 열대 느낌의 칵테일을 즐긴다면 화이트 럼을, 스트레이트로 마시거나 바닐라 혹은 나무의 숙성된 향을 즐긴다면 다크 럼을 구입하는 것을 추천합니다.

대표적인 럼

Bacardi Superior
바카디 슈페리어

화이트 럼, 40%,
2만원 후반~3만원 초반

국내에서 가장 인지도가 높고 구하기 쉬운 럼. 1862년 만들어진 역사 깊은 브랜드이며, 박쥐를 심볼로 삼고 있다. 원래 쿠바에서 생산되던 제품이었으나, 쿠바 혁명 이후 국유화를 피해 영국령으로 증류소를 옮겼다. 바카디 슈페리어는 화이트 럼으로, 깔끔하지만 럼 특유의 달큰한 풍미는 약한 편이다. 스트레이트로 마시기보다 칵테일의 베이스로 사용하는 편을 추천한다.

Havana Club Anejo 3 Anos
하바나 클럽 아네호 3 아뇨스

화이트 럼, 40%, 2만원 후반~3만원 초반

바카디보다는 짧지만 역시 1878년 만들어진, 오랜 역사를 가진 브랜드. 국유화를 피한 바카디와 달리 쿠바 정부와 세계적인 주류 대기업 페르노리카의 합작으로 만들어진 브랜드다. 3년 이상 숙성한 제품답게 은은한 상아색을 띠고, 스트레이트로 마셔도 될 만큼 부드럽고 달콤하다. 모히토를 좋아하는 분이라면 꼭 하바나 클럽으로 만든 모히토를 만들어보길 추천한다.

The Kraken Black Spiced Rum
더 크라켄 블랙 스파이스드 럼

스파이스드 럼, 40%, 4만원대

전설의 바다 괴물 크라켄이 그려진 라벨이 돋보이는 미국의 스파이스드 럼. 오크통에서 숙성한 럼에 시나몬, 설탕, 생강, 정향을 넣어 맛과 향을 입힌 제품으로, 강렬한 라벨과 대비되는 부드럽고 달콤한 맛과 풍부한 향신료 향이 특징이다. 얼음과 함께 스트레이트로 즐겨도 좋고 콜라, 진저 에일 등의 음료수와 함께 마시기 좋다. 스파이스드 럼에 입문하고 싶은 분에게 추천한다.

Bacardi 8
바카디 8

골드 럼, 40%, 5만원 중반~6만원 초반

8년 이상 숙성한 원액을 블렌딩한 골드 럼. 위스키처럼 여러 종류의 럼을 블렌딩해 만드는데, 가장 숙성 연수가 낮은 럼의 연수를 라벨에 표기하고 있다. 바카디 8은 골드 럼으로 분류되지만 다크 럼이라고 해도 좋을 만큼 짙은 황갈색을 띤다. 나무통에서 오래 숙성을 거친 만큼 바닐라, 오크, 캐러멜의 향과 달콤한 맛을 느낄 수 있다. 향이 강조되는 칵테일을 만들거나 스트레이트로 마시는 것을 추천한다.

HOME COCKTAIL RECIPE

홈 칵테일 레시피

럼은 여러 스피릿 중에서도 단맛이 강해 상큼한 과일 주스와 섞었을 때 훌륭한 궁합을 자랑합니다. 평소 과일을 좋아하거나, 열대 느낌이 물씬 나는 칵테일을 좋아한다면 화이트 럼은 한 병 갖춰두는 것을 추천해요.

럼으로 만드는 더 많은 칵테일 레시피는 3장에서 만나볼 수 있습니다!
블루 하와이, 스카이 다이빙, 킹스 주빌리, 옐로 버드

#쉽고_맛있는 #달콤_상큼한 #대표적인

Cuba Libre
쿠바 리브레

조각 얼음 | 라임 1/4개 | 화이트 럼 40ml | 콜라 130~140ml

하이볼 글라스, 빌드, 올데이 칵테일

1. 웨지로 자른 라임을 글라스에 넣는다.
2. 머들러로 꾹꾹 눌러 과즙을 낸다.
3. 잔에 얼음과 화이트 럼, 콜라를 채운다.
4. 바 스푼을 이용해 가볍게 저으면 끝!

Caipirinha
카이피리냐

#상큼한_여름_칵테일 #강력_추천 #고도수

으깬 얼음 | 라임 반 개 | 카샤사 50ml | 설탕 2tsp

온더락 글라스, 빌드, 올데이 칵테일

1. 라임 반 개를 4등분해서 자른 뒤 글라스에 넣는다.
2. 머들러로 꾹꾹 눌러 과즙을 낸다.
3. 설탕을 넣고 바 스푼으로 저어 녹인다.
4. 으깬 얼음, 카샤사를 넣고 바 스푼으로 섞으면 끝!

TIP ‖ 카샤사(76쪽)가 없다면 일반 럼, 으깬 얼음이 없다면 조각 얼음을 넣어도 맛있다. 다만 알코올 도수가 높으니 천천히 마시길 권한다. 동일한 레시피에 카샤사 대신 화이트 럼을 넣으면 '카이피리시마Caipirissima'라고 부른다.

#달콤_상큼한 #대표적인 #헤밍웨이_칵테일

Daiquiri
다이키리

조각 얼음 | 화이트 럼 40ml | 라임 주스 20ml | 모닌 설탕 시럽 10ml

마티니 글라스, 셰이킹, 올데이 칵테일

1. 셰이커에 얼음, 라임 주스, 설탕 시럽, 화이트 럼을 넣는다.
2. 셰이커를 8~10초 흔들어 잘 섞는다.
3. 마티니 글라스에 음료를 따르면 끝!

Mojito
모히토

#대표적인 #상큼청량한 #여름_칵테일

으깬 얼음 | 모닌 설탕 시럽 2tsp | 화이트 럼 40ml
라임 주스 20ml | 탄산수 60ml | 민트 잎 약간(8~10장)

하이볼 글라스, 빌드, 올데이 칵테일

1. 글라스에 민트를 넣고 머들러로 살살 빻는다.
2. 설탕 시럽, 라임 주스, 화이트 럼을 넣는다.
3. 바 스푼으로 잘 젓는다.
4. 탄산수를 채운 뒤 바 스푼으로 살짝 젓는다.
5. 남은 민트 잎으로 장식하면 끝!

TIP ‖ 1. 오리지널 모히토는 스피어민트를 사용하지만 애플 민트를 사용해도 맛있다. 민트는 세게 으깨면 풋내가 나기 때문에 살살 으깬다.
2. 집에서 얼음을 부셔 으깬 얼음을 갖추기란 쉽지 않다. 이럴 땐 편의점 아메리카노용 얼음을 사용하면 무척 편리하다.

#향긋한 #복합적인 #고도수

Rum Old Fashioned
럼 올드 패션드

조각 얼음 | 다크 럼 60ml | 오렌지 필
모닌 설탕 시럽 1tsp | 앙고스투라 비터 2dash

온더락 글라스, 빌드, 올데이 칵테일

1. 온더락 글라스에 럼, 설탕 시럽, 비터를 넣는다.
2. 바 스푼으로 잘 젓는다.
3. 얼음을 넣은 뒤 바 스푼으로 충분히 젓는다.
4. 오렌지 필을 잔 위에서 비틀어 향을 입히고 넣으면 끝!

애주가의 TMI

나라별로 구분하는 럼

카리브해 인근 다양한 나라에서 만들어져온 럼은 각 나라마다 제조법과 맛이 달라, 나라별로 구분하기도 한다. 부르는 명칭 역시 다양하다. 스페인어를 사용하는 지역에서는 'Ron', 프랑스어를 사용하는 지역에서는 'Rhum'이라고 부른다.

- **Rum Agricol 럼 아그리콜**
  프랑스령 서인도 제도에서 생산하는 럼. 당밀이 아닌 사탕수수즙을 이용해 만드는 것이 특징이다. 럼 특유의 향이 무척 강하며, 다른 럼처럼 색상으로 구분한다. 국내에선 구하기 힘들다.
- **Cachaca 카샤사**
  럼 아그리콜과 마찬가지로 사탕수수즙으로 만드는 브라질산 럼. '카이피리냐'라는 칵테일 베이스로 유명하다. 국내에선 인지도가 높지 않지만 브라질에선 대중적인 술이다.
- **Puerto Rican Rum 푸에르토리코 럼**
  세계 최대 럼 생산국인 푸에르토리코에서 생산하는 럼. 국내에서 인지도가 높은 바카디가 푸에르토리코 럼에 해당한다. 증류 뒤 여과 과정을 거쳐 럼 특유의 개성은 적은 편이다.
- **Cuba Rum 쿠바 럼**
  쿠바에서 생산하는 럼으로, 푸에르토리코와 같은 방식으로 만든다. 하지만 더 풍부한 향과 달콤한 맛이 나는 것이 특징. '하바나 클럽'이 쿠바 럼에 해당한다.
- **Anejo 아네호**
  럼을 고르다 보면 자주 볼 수 있는 단어다. 'Aged'라는 뜻이며, 숙성을 거친 럼에 붙는다.
- **Sipping Rum 시핑 럼**
  프리미엄 럼의 등장으로 생긴 용어. 스트레이트로 마셔도 좋은 럼이라는 의미다.

프리미엄 리뷰

얼굴을 담은 믿음직한 럼, 디플로마티코

낯선 동네에서 끼니를 때워야 할 때, 간판에 사장님 얼굴을 증명사진처럼 내건 가게를 만나면 왠지 모르게 믿음이 가 나도 모르게 발을 들이게 된다. '얼굴까지 걸었는데 설마 맛이 없겠어?'라는 지극히 일차원적인 사고지만, 아직까지 이 방식으로 크게 실패한 적은 없다. 그래서 검색이 귀찮을 때 종종 써먹곤 한다.

'디플로마티코'를 처음 봤을 때도 비슷한 생각이 들었다. 시중에서 만날 수 있는 럼 중에선 가격이 꽤 높은 편인데, 고급스러운 느낌을 물씬 풍기는 무광의 병 표면과 지폐의 인물화처럼 섬세하게 그려진 진중한 할아버지의 얼굴, 모서리에 무심하게 찍은 프리미엄의 상징 붉은 도장까지, 믿음의 삼중 벨트가 머릿속에서 착착 맞춰져 홀린 듯 구입해버렸다.

역시나 예상은 틀리지 않았고, 기대 이상으로 만족스러웠다. 달콤한 바닐라, 캐러멜, 말린 과일, 버번의 풍미에 감칠맛까지 더해져 입안을 실크처럼 감쌌다. 위스키류에 비해 알코올 풍미는 적고 가벼운 텍스처가 무척 만족스러웠다. 아주 비싸고 달콤한 사탕을 액체로 마시는 기분 같다고 할까!

병을 반쯤 비운 뒤 알게 된 충격적인 사실은 라벨의 할아버지가 이 술의 창업자가 아니라는 점이었다. 할아버지는 럼을 생산하는 베네수엘라의 유명한 애주가였다. 전 세계의 술을 모으는 것으로 동네에서 유명했고, 그런 그에게 바치는 헌사로 라벨에 그려진 것이라고. 창업자도 아닌데 라벨에 얼굴이 실리다니, 도대체 얼마나 술을 좋아한 걸까? 약간 아득해지는 느낌이 듦과 동시에 나 역시도 '지금처럼 열심히 술을 사 모으다 보면 언젠가 라벨에 그려질 수 있지 않을까? 건강하게 분발해야겠다' 같은 쓸데없는 다짐을 하게 만든 여러모로 인상적인 술이었다.

TEQUILA 테킬라
뜨거운 밤을 지새는 열정의 술

#정열적인 #이국적인 #아가베 #멕시코의_술

미친 듯한 숙취의 상징이자 클럽에서 마시는 술, 선인장으로 만드는 술 등 실제 맛보다 특유의 이미지와 선입견으로 더 유명한 술, 테킬라. 영화 속 악역인 줄 알았던 조연이 알고 보니 우리 편이라는 걸 깨달았을 때 두 배로 애정이 가는 것처럼, 테킬라 역시 알면 알수록 매력 있는 좋은 술입니다. 묵은 선입견을 잠깐 내려놓은 채 테킬라의 숨겨진 면모에 대해 자세히 알아봅니다.

테킬라란?

멕시코의 전통주로 블루 아가베Blue Agave를 증류해 만드는 술입니다. 그렇다고 블루 아가베를 사용해 만들면 무조건 '테킬라'라는 이름을 붙일 수 있는 건 아닙니다. 샴페인이나 코냑처럼 멕시코에서 법령으로 규정한 특정 지역에서 만들어야만 테킬라라는 이름을 붙일 수 있습니다. 도라지, 인삼, 흙을 연상시키는 스파이시한 향이 나는 것이 특징입니다.

테킬라의 어원과 기원

멕시코에서는 3세기 무렵부터 아가베를 증류한 술, '풀케Pulgue'를 마셨다고 알려져 있습니다. 16세기, 멕시코를 식민지로 삼은 에스파냐인들이 증류 기술을 들여오면서 풀케를 증류하게 됐죠. 이로 인해 테킬라의 원형, '메즈칼'이 탄생했습니다. 테킬라라는 이름은 테킬라를 생산하는 도시에서 따온 이름입니다.

멕시코 내 테킬라 생산 지역
Tequila Production Region in Mexico

MEXICO
1. 나야리트 Nayarit
2. 할리스코 Jalisco
3. 과나후아토 Guanajuato
4. 미초아칸 Michoacan
5. 타마울리파스 Tamaulipas

아가베 탐구생활

겉표면에 가시가 돋아 있어 선인장 또는 알로에로 오해받곤 하는 아가베는 아스파라거스과의 식물입니다. 일러스트로 보면 꽃집에서 쉽게 볼 수 있는 다육이와 닮았지만, 다 자라면 웬만한 성인보다 키가 큰 거대한 식물입니다. 아가베는 품종이 200여 가지가 넘습니다. 테킬라의 원재료인 블루 아가베는 당분 함량이 높아 아가베 중에서도 최상급으로 분류되는 품종입니다.

몸통 가득 달콤한 수액을 머금고 있는 블루 아가베는 평균 7년을 재배해야만 술을 만들 수 있습니다. 다 자라면 뾰족한 가시가 달린 커다란 잎이 사방으로 자랍니다. 이 잎을 쳐내면 파인애플처럼 둥글둥글한 형태가 되는데, 이것이 파인애플을 닮았다고 해서 피냐라고 부르죠. 잘 다듬은 피냐를 찜통에서 찐 뒤, 즙을 짜내 발효 및 증류를 거치면 테킬라가 완성됩니다.

테킬라의 형제, 메즈칼

테킬라를 제조하는 다섯 곳을 제외한 다른 지역에서 만들거나, 블루 아가베가 아닌 다른 품종의 아가베로 만드는 술을 '메즈칼 Mezcal'이라고 부릅니다. 품종이나 특정 지역에 얽매이지 않는 메즈칼이 테킬라보다 훨씬 큰 카테고리인 것이죠.

생산지와 아가베 품종 외에 제조법에도 큰 차이가 있습니다. 테킬라가 아가베를 쪄서 만든다면, 메즈칼은 훈연하는 방식으로 만듭니다. 그 덕분에 아가베 특유의 향에 스코틀랜드 아일라 지방의 위스키처럼 매력적인 훈연 향이 나는 게 특징입니다.

‖ 애주가의 TMI ‖

'몬테 알반'을 비롯해 몇몇 메즈칼에는 손가락 한 마디 정도 길이의 하얀 벌레, 아가베 웜이 들어있습니다. 이는 1940년대, 멕시코를 여행하는 관광객을 낚기 위한 마케팅에서 시작됐다고 하는데요. 국내에서 가장 인지도 높은 메즈칼이 몬테 알반이기 때문에 우리나라에서는 메즈칼을 '벌레 들어간 술'이라고 기억하는 사람도 꽤 있습니다. 하지만 최근에 출시되는 대부분의 메즈칼에는 벌레가 들어가지 않으니 안심하세요.

Tequila
테킬라

블루 아가베를 발효시킨 뒤 증류한 술. 멕시코 내 특정 지역에서 만들어야 하며, 블루 아가베가 51% 이상 들어가야 테킬라라는 이름을 붙일 수 있다.

Mixto
믹스토

블루 아가베(51% 이상)와 설탕 및 포도당을 섞어 만든 테킬라

100%
블루 아가베 테킬라

블루 아가베만을 이용해 만든 테킬라

100%를 찾아라!
우리가 마시는 테킬라의 정체

아가베 중에서도 고급인 블루 아가베만 사용해야 하고, 멕시코 안에서도 정해진 다섯 주에서 만들어야 하는 깐깐한 조건을 가진 테킬라. 설명만 보면 최고급 술인 것만 같지만, 사실 블루 아가베가 51%만 들어가도 '테킬라'라는 이름을 쓸 수 있습니다. 나머지 49%에 해당하는 다른 재료는 설탕, 포도당 등을 넣는다고 합니다. 지역과 재료까지 법률로 정해놓고 다른 재료를 사용해도 테킬라라 할 수 있다니 좀 의아하고 아쉬운 부분입니다. 이렇게 다른 재료가 함께 들어간 테킬라를 '믹스토 테킬라 Mixto Tequila'라고 부릅니다. 국내에서 쉽게 만날 수 있는 테킬라, '호세 쿠엘보 에스페샬 골드'가 바로 이 믹스토입니다. 평소 테킬라를 즐긴다면, 또는 100% 블루 아가베가 만들어내는 본연의 맛을 경험하고 싶은 분이라면 라벨에서 '100% 블루 아가베'라는 문구를 찾아보면 됩니다. 한 잔만 맛봐도 확연히 차이가 나는 만큼, 발품을 팔 가치는 충분합니다.

테킬라의 분류

증류를 마치고 막 완성된 테킬라는 투명한 빛을 띱니다. 오크통 숙성을 거치며 숙성 기간에 따라 색상과 맛, 부르는 명칭이 달라집니다. 테킬라는 다른 술에 비해 숙성 기간이 무척 짧은 편입니다. 이는 무더운 멕시코의 날씨 덕에 짧게 숙성해도 오크통의 특징이 충분히 배어들기 때문이죠.

Silver 실버 or Blanco 블랑코

숙성을 거치지 않거나 아주 짧게 숙성한 테킬라. 도라지, 인삼과 같은 뿌리류를 연상시키는 테킬라 고유의 향을 가장 잘 느낄 수 있는 등급이다. 투명한 빛깔을 띠며 스트레이트로 마시기보다는 칵테일의 베이스로 사용한다.

예) 호세 쿠엘보 에스페샬 실버, 돈 훌리오 블랑코

Reposado 레포사도

오크통에서 2개월 이상, 1년 이하로 숙성한 테킬라. 오크통 숙성으로 인해 황금색을 띠는데, 캐러멜을 넣어 색을 만들기도 한다. 실버 등급에 비하면 맛이 부드러운 편이며, 은은한 오크의 풍미와 아가베 향을 함께 느낄 수 있다. 구하기 쉬워 가정에서 칵테일을 만들 때 실버 등급의 테킬라 대신 자주 쓰인다.

예) 호세 쿠엘보 에스페샬 골드, 사우자 골드

|| 애주가의 TMI ||

등급으로 따진다면 숙성 기간이 가장 적은 실버, 블랑코를 구하기가 쉬운 게 일반적이죠. 하지만 국내의 경우, 호세 쿠엘보 에스페샬 골드의 독보적인 인지도 덕에 레포사도 등급의 테킬라를 가장 구하기 쉽습니다.

Anejo 아네호

600l 이하의 오크통에 담아 1년 이상, 3년 이하로 숙성한 테킬라. 주로 미국의 버번 위스키를 숙성시킨 통에 숙성한다. 위스키만큼 뚜렷한 오크의 풍미를 느낄 수 있으며, 부드럽고 깔끔한 맛이 특징이다. 숙성 기간이 긴 만큼 아가베 특유의 풍미는 줄어든다. 칵테일보다 스트레이트로 마시기 좋은 등급.

예) 1800 아네호, 돈 훌리오 아네호

Extra Anejo 엑스트라 아네호

600l 이하의 오크통에 담아 3년 이상 숙성한 테킬라로, 최고급으로 분류된다. 국내에선 매우 찾기 어려운 등급.

예) 호세 쿠엘보 리제르바 델라 파밀리아

대표적인 테킬라

Jose Cuervo Especial Silver
호세 쿠엘보 에스페샬 실버

실버, 40%,
3만원 후반~4만원 중반대

250년 역사를 자랑하는 전 세계 판매량 1위 브랜드 '호세 쿠엘보'의 실버 등급 테킬라. 국내에서도 무척 인기가 많은 제품이다. 도라지, 식물의 뿌리 같은 테킬라 특유의 향이 강하며 날카로운 끝맛이 있다. 스트레이트로 마시기보다 주스, 리큐르 등과 섞어 칵테일로 마시기 좋은 제품.

Jose Cuervo Especial Gold
호세 쿠엘보 에스페샬 골드

레포사도, 40%, 3만원 후반~4만원 중반대

테킬라의 고유 명사로 대신 쓰일 정도로 높은 인지도를 가지고 있는 테킬라. 100% 블루 아가베가 아닌, 설탕과 포도당 등을 섞어 만드는 믹스토 테킬라다. 특유의 맵싸한 향미 뒤에 은은한 바닐라, 꿀과 같은 단맛이 남는데, 실버 등급의 테킬라에 비하면 확실히 맛이 부드러운 편이다. 냉동실에 차갑게 얼린 테킬라에 라임, 소금을 곁들여 샷으로 마시거나, 칵테일의 베이스로 사용하는 것을 추천한다.

Don Julio Blanco
돈 훌리오 블랑코

실버, 38%, 5만원 후반~6만원대

세계적인 브랜드 '디아지오'에서 생산하는 100% 블루 아가베로 만든 프리미엄 테킬라. 둥글고 키가 작은 병과 조약돌 같은 마개가 인상적이다. 함께 마시는 상대의 얼굴을 가리지 않도록 고안한 디자인이라고 한다. 식물의 뿌리, 배, 풀, 은은한 흙 향을 복합적으로 느낄 수 있으며, 실버 등급임에도 부드러운 맛이 특징이다. 100% 블루 아가베 테킬라가 궁금한 분에게 추천한다.

Jose Cuervo 1800 Anejo
호세 쿠엘보 1800 아네호

아네호, 40%, 9만원~10만원 초반대

호세 쿠엘보사의 1800 시리즈는 100% 블루 아가베로 만든 프리미엄 라인이다. 1800은 테킬라를 처음 오크통에 숙성하기 시작한 1800년도를 기념하기 위해 붙여진 이름이라고 한다. 미국 버번 위스키를 담았던 오크통과 프랑스산 오크통을 옮겨가며 숙성해 강렬한 오크, 바닐라, 테킬라 특유의 캐릭터가 어우러져 풍미가 그윽하고 매력적이다. 온더락 글라스에 향을 즐기며 천천히 마시기 좋다.

HOME COCKTAIL RECIPE

홈 칵테일 레시피

라임과 소금만으로도 한 병 뚝딱 비우는 테킬라지만, 다음 날 지옥 같은 숙취와 어깨동무를 하게 만들죠. 조금 손은 가도 천천히 그리고 더욱 맛있게 즐길 수 있는 테킬라 칵테일을 소개합니다. 실버 등급이 없다면 '레포사도'로 만들어 보세요.

테킬라로 만드는 더 많은 칵테일 레시피는 3장에서 만나볼 수 있습니다!
그랑 마니에르 마가리타, 미도리 마가리타, 러스티 마가리타

#상큼한_일출 #아름다운 #생각보다_쉽다

Tequila Sunrise
테킬라 선라이즈

조각 얼음 | 테킬라 실버 40ml | 오렌지 주스 90ml
그레나딘 시럽 10ml

하이볼 글라스, 빌드, 올데이 칵테일

1. 하이볼 글라스에 얼음을 채운다.
2. 테킬라, 오렌지 주스를 넣은 뒤 가볍게 젓는다.
3. 바 스푼을 이용해 그레나딘 시럽을 천천히 흘리면 끝!

TIP ‖ 젓지 않았을 때가 보기엔 예쁘지만 시럽이 많이 달콤하니 마시기 전에 잘 저어주자.

Mexicola
멕시콜라

#간편한 #콜라는_언제나_옳다 #상쾌한

조각 얼음 | 라임 1/4조각 | 테킬라 실버 40ml
콜라 120~130ml

하이볼 글라스, 빌드, 올데이 칵테일

1. 하이볼 글라스에 라임을 잘라 넣는다.
2. 바 스푼이나 머들러를 이용해 과즙을 낸다.
3. 글라스에 얼음, 테킬라, 콜라를 넣는다.
4. 바 스푼을 이용해 가볍게 저으면 끝!

#클래식 #황금_조합

Margarita
마가리타

조각 얼음 | 가는소금 | 테킬라 실버 40ml | 라임 주스 20ml
오렌지 리큐르(화이트) 10ml

마가리타 글라스, 셰이킹, 올데이 칵테일

1. 평평한 접시에 가는소금을 적당량 뿌린다.
2. 글라스의 가장자리에 과즙 또는 주스를 묻힌다.
3. 글라스를 뒤집어 접시 위의 소금을 묻힌다.
4. 셰이커에 테킬라, 라임 주스, 오렌지 리큐르를 넣는다.
5. 셰이커를 8~10초 흔들어 잘 섞는다.
6. 마가리타 글라스에 따르면 끝!

TIP ‖ 1. 유명한 칵테일답게 전용 잔이 있지만, 없다면 마티니 글라스를 사용해도 무방하다.
   2. 오렌지 리큐르를 블루 큐라소(156쪽)로 바꾸면 눈까지 청량해지는 칵테일 '블루 마가리타Blue Margarita'가 된다.

Pinata
피냐타

#이국적인 #상큼_달콤한 #부드러운

조각 얼음 | 테킬라 실버 40ml | 파인애플 주스 60ml

온더락 글라스, 셰이킹, 올데이 칵테일

1. 셰이커에 얼음, 테킬라, 파인애플 주스를 넣는다.
2. 셰이커를 8~10초 흔들어 잘 섞는다.
3. 온더락 글라스에 따르면 끝!

> TIP ‖ 테킬라에 파인애플 주스라는 간단한 조합이지만, 꼭 셰이커로 만들어보길! 음료에 공기가 들어가 맛이 부드러워지며 풍부한 거품까지 생긴다.

#상큼_쌉쌀한 #드링커블한

Ice Breaker
아이스 브레이커

조각 얼음 | 테킬라 실버 40ml | 자몽 주스 40ml
쿠앵트로 5ml | 그레나딘 시럽 5ml

온더락 글라스, 셰이킹, 올데이 칵테일

1. 셰이커에 모든 재료를 넣는다.
2. 셰이커를 8~10초 흔들어 잘 섞는다.
3. 온더락 글라스에 따르면 끝!

> TIP ‖ 그레나딘 시럽, 쿠앵트로가 없다면 자몽 주스 양을 140ml로 늘린다. 그럼 자몽 주스의 상큼 쌉쌀함에 테킬라 특유의 향이 묻어나는 칵테일 '치와와Chihuahua'가 된다.

프리미엄 리뷰

패트론을 향한
고백

대부분의 애주가와 마찬가지로, 나 역시 심한 숙취로 유명한 테킬라에 애증의 기억이 한 트럭이다. 스무 살, 애주가 친구의 손길에 이끌려 꽝꽝거리는 음악이 울려 퍼지던 술집에서 마신 첫 테킬라의 숙취는 악명 이상으로 끔찍했다. 그날 이후 절대, 다시는 안 마실 거라고 다짐했다. 하지만 예비 술꾼의 다짐은 헐거웠고, 정신 차렸을 땐 나도 모르게 테킬라를 찾고 있었다.

그 당시는 테킬라가 무엇으로 만들었는지, 무슨 맛인지는 전혀 중요하지 않았다. 그저 테킬라를 마신다는 행위 자체가 즐거웠던 것 같다. 라임과 소금을 함께 먹는, 온 얼굴을 찌푸려가며 마시는 액티브한 술이자, 테이블에 잔을 꽝 하고 내리쳐도 혼나지 않는 일탈 같은 술, 테킬라. 자신의 앞날도 모른 채, 가로등에 머리를 부닥치는 날벌레처럼 다음 날의 걱정 따윈 밀어두고 수없이 많은 잔을 비우곤 했다.

이런 애증의 술 테킬라와 거리를 두게 된 건 본격적으로 술의 맛을 구분하고 비교하기 시작하면서다. 다른 술과 마찬가지로, 즐겨 마시던 테킬라를 제대로 된 글라스에 라임과 소금 없이 상온의 상태로 시음했던 적이 있다. 그 맛이 어찌나 낯설던지! 특유의 텁텁한 흙, 뿌리의 맛과 들척지근한 맛이 영 취향이 아니었다. '이 돈이면 차라리 크래프트 맥주나 위스키를 마시겠어'라는 생각이 들자 자연스럽게 테킬라와 멀어졌다.

나는 테킬라를 언제 좋아했었냐는 듯 완전히 잊어버렸다. 그렇게 다른 주종에 푹 빠져있던 어느 날, 일하던 바에 신상으로 들어온 '패트론'을 만났다. 일반 테킬라에 비하면 가격이 세 배 가까이 비싼데도 불구하고 첫인상부터 호감이었다. 일일이 손으로 만들었다는 병은 다른 술병과 다르게 기포가 가득 차있었는데, 조명에 반사돼 반짝이는 것이 묘하게 예뻐 보였다. 쓰다듬고 싶은 둥근 코르크 머리부터 녹색 목도리까지 모든 게 마음에 쏙 들었다. 심지어 맛도 좋았다. 잔에 담긴 패트론은 레몬이나 라임을 뿌린 것도 아닌데 향긋한 시트러스 향이 맴돌았다. 내 취향이 아니라고 생각했던 테킬라 특유의 풍미가 산뜻한 단맛과 만나니, '과거의 내가 생각이 짧았던 것 아닐까?' 싶을 정도로 매력적으로 느껴졌다. 프리미엄에, 100% 블루 아가베로 만든 테킬라는 확실히 다르구나 싶었다.

이날 이후, 멀어졌던 테킬라가 다시 가깝게 느껴졌고, 데킬라 베이스의 칵테일도 즐겨 찾게 됐다. 패트론 실버를 경험하지 못했더라면 훈연 향이 매력적인 메즈칼도, 오크통의 맛이 듬뿍 배인 아네호 등급의 테킬라도, 치기 어린 시절의 흥 넘치던 기억도 오랫동안 만나지 못했겠지. 패트론, 테킬라치곤 많이 비싸지만…… 내가 너를 사…… 사…… 좋아한다!

GIN 진
입안에서 펼쳐지는 피톤치드 같은 술

#상쾌한 #깔끔한 #청량한 #숲의_향기

상쾌한 소나무 향과 각양각색의 허브, 향신료가 어우러져 만들어내는 다채롭고 복합적인 향을 지닌 술, 진. 풍부한 향으로 시작해 깔끔하게 떨어지는 끝맛 덕에 한식을 비롯해 각종 음식과 잘 어울립니다. 접근성도 좋은데다가 조합하기 좋은 칵테일 수까지 무궁무진하죠. 최근엔 소규모 증류소에서 만드는 크래프트 진의 유행으로 다양한 신상품마저 쏟아지고 있어 수집하는 재미 또한 쏠쏠하답니다. 이번에는 진에 대해 본격적으로 탐구해봅니다.

진이란?

곡물이나 과일 등을 이용해 증류한 술에 주니퍼베리와 각종 허브, 향신료 등의 향을 입힌 술입니다.

진의 어원과 기원

네덜란드에서 약용의 용도로 처음 개발된 진은 '쥬니버 Genever'로 불리다가 영국으로 건너가 진이라는 이름이 붙었습니다.

주니퍼베리 Juniper Berry 탐구생활

비에 젖은 울창한 소나무 숲에서 피톤치드를 들이마시는 것 같은 청량함을 선사하는 진. 솔과 감귤, 로즈마리와 같은 특유의 허브 향은 모든 진에 공통적으로 들어가는 주니퍼베리가 만든 향*입니다.

각 증류소는 주니퍼베리가 만들어내는 향과 어울릴 만한 허브와 향신료를 조합해 자신들만의 진을 창조합니다. 향신료의 종류나 가짓수는 만드는 증류소마다 다르니, 브랜드별로 비교해보는 재미도 쏠쏠하겠죠?

*주니퍼베리에는 소나무와 로즈마리의 향을 내는 '알파 피넨 α-Pinene', 홉과 타임의 성분인 '미르센 Myrcene', 감귤 향을 내는 '리모넨 Limonene'이라는 풍미 성분이 들어있기 때문입니다.

✻✻✻ 진에 들어가는 대표적인 재료 ✻✻✻

주니퍼베리와 잘 어울리는 향을 가져, 진을 만들 때 자주 쓰이는 대표적인 재료로는 오리스와 고수 씨앗, 카다멈, 안젤리카 뿌리 등이 있습니다. 이 외에도 오렌지 필, 생강, 라벤더, 회향, 월계수 잎 등 다양한 재료를 사용하기도 합니다.

오리스(붓꽃) Orris

오랫동안 향수의 재료로 널리 사용된 오리스의 뿌리에서는 은은한 제비꽃 향이 난다. 또, 향기를 고정시키는 정착제 역할을 한다.

고수 씨앗 Coriander Seed

호불호가 굉장히 갈리는 향을 품고 있는 고수 잎 Cilantro과 달리 고수 씨앗은 감귤, 꽃과 같은 향을 잔뜩 품고 있다. 그 덕분에 다양한 리큐르의 부재료로 널리 사용된다.

카다멈 Cardamom

세계에서 가장 비싼 향신료 중 하나. 라벤더, 감귤류의 향이 난다.

안젤리카 뿌리 Angelica Root

유명 허브 리큐르인 '샤르트뢰즈(176쪽)', '갈리아노(172쪽)', '베르무트(98쪽)' 등에 빠지지 않고 들어가는 재료다. 오렌지, 나무, 진한 허브 향이 난다.

토닉 워터

토닉 워터 Tonic Water
탄산수에 레몬, 라임과 같은 감귤 향과 퀴닌 향을 입힌 달콤 쌉쌀한 탄산음료입니다.

퀴닌 Quinine 탐구생활
퀴닌은 기나나무 Cinchona 껍질에서 추출하는 성분입니다. 과거 말라리아를 치료하는 약재로 쓰였던 퀴닌은 쓴맛이 강해 그냥 먹기가 무척 힘들었다고 합니다. 쓰디 쓴 퀴닌을 쉽게 섭취하기 위해 물과 설탕을 섞은 것이 바로 토닉 워터의 시작입니다.

진 토닉 Gin&Tonic 의 탄생
퀴닌에 설탕과 물을 탔는데도 여전히 강한 쓴맛이 나자 몇몇 영국인들은 당시 유행하던 술인 진을 섞기 시작합니다. 달콤 쌉쌀한 음료수에 향긋한 진을 섞었으니, 맛이 없을 리가 없겠죠? 퀴닌 음료(토닉 워터)를 맛있게 마시기 위해 진을 타게 되면서 대표적인 진 칵테일, 진 토닉이 탄생했습니다.

Where is Quinine?
여기까지 읽고 국내에서 생산되는 토닉 워터의 성분표를 살펴보면 당황할 수 있습니다. 퀴닌이 전혀 없거든요. 퀴닌 음료수에 퀴닌이 빠진 데엔 사연이 있습니다. 과거엔 훌륭한 질병 치료제로 알려졌던 퀴닌이 과다 복용 시 부작용이 있다는 사실이 밝혀진 것입니다. 그 뒤, 음료에 일정량 이상 넣지 못하도록 제한됐죠.

미국에서는 83ppm(1l당 83mg), EU는 1l당 100mg의 퀴닌을 넣을 수 있습니다. 하지만 국내는 규제가 더 복잡해 식품 원료로 사용 허가가 나지 못했습니다. 그래서 국내 생산 토닉 워터는 퀴닌 대신 '토닉 향'이 들어간 제품으로 생산됩니다. 몇몇 제품은 이 토닉 향조차 안 넣은 제품에 토닉 워터라는 이름을 붙여 판매하니, 처음 구입하는 제품이라면 라벨 뒷면을 살펴보길 추천합니다.

토닉 향 대신 천연 퀴닌 향이 들어간 제품도 있습니다. 바로 '토마스 헨리 토닉 워터 Thomas Henry Tonic Water'입니다. 프리미엄 토닉 워터인 토마스 헨리는 저렴한 토닉 워터에 비하면 두 배가 넘는 비싼 가격입니다. 하지만 맛을 보면 쌉싸름한 향과 약간의 떨떠름한 느낌이 나는 것이 '아, 이게 퀴닌의 캐릭터구나'라는 걸 확실히 알 수 있습니다.

베르무트

진의 찰떡 같은 짝꿍

진과 드라이 베르무트로 만드는 심플한 칵테일 '마티니'. 칵테일의 왕이라 불릴 정도로 유명한 칵테일이지만, 함께 들어가는 술 베르무트에 대한 인지도는 낮은 편입니다. 구글에서 검색하면 만화 〈명탐정 코난〉의 등장인물이 먼저 나올 정도죠. 하지만 맛있는 베르무트가 없다면 맛있는 마티니도 없는 법! 진의 단짝이자 그 자체만으로도 충분히 매력 넘치는 베르무트에 대해 알아봅니다.

베르무트 Vermouth 란?

화이트 와인에 웜우드(약초로 많이 사용하며 쓴맛이 강한 향미 식물)와 각종 향신료, 설탕을 넣어 맛과 향을 입힌 뒤 주정(47쪽 참고)을 더해 알코올 도수를 높인 아로마타이즈드 와인 Aromatized Wine 입니다. '베르무트' 또는 '버무스'라고도 불리는 이 술은 알코올 도수가 일반 와인보다 살짝 높은 정도로, 평균 14.5~22%입니다. '베르무트'라는 독특한 이름은 필수 재료 중 하나인 웜우드의 프랑스어 발음 'Wermut'에서 유래했습니다.

다양한 브랜드

베르무트는 이탈리아의 술로 유명하지만, 프랑스 제품도 큰 사랑을 받고 있습니다. 국내에서 가장 유명한 브랜드는 칵테일 마티니와 이름이 같은 '마티니 Martini'가 있습니다. 이외에도 바텐더들의 큰 사랑을 받는 '노일리 프랏 Noilly Prat', 프리미엄 브랜드 '안티카 포뮬러 Antica Formula', '돌린 Dolin', '친자노 Cinzano' 등이 있습니다. 브랜드마다 들어가는 허브의 종류와 제조법이 다르니, 취향에 맞는 마티니를 찾으려면 레시피 비율만큼이나 다양한 베르무트를 경험하는 것이 중요합니다.

베르무트의 종류

베르무트는 색깔과 당도로 구분 짓습니다. 칵테일에 자주 쓰이는 재료는 드라이와 로소 두 종류입니다.

- **베르무트 드라이** Vermouth Dry

  밝은 빛깔에 당도가 높지 않은 베르무트 (리터당 설탕 50g 미만). 화이트 와인과 은은한 허브 향이 어우러진 복합적인 맛과 향을 가진다. 드라이보다 단맛을 더 줄인 '엑스트라 드라이 Extra Dry' 제품도 있다. 칵테일의 재료로 사용하거나 얼음을 넣어 마시는 등 단품으로도 즐기기 좋은 술.

  베르무트 드라이로 만드는 칵테일: 드라이 마티니, 보드카 마티니, 올드 팔.

- **베르무트 로소** Vermouth Rosso

  레드 와인처럼 붉은 빛깔을 띠는 달콤한 베르무트(리터당 설탕 130g 이상). 드라이 제품과 마찬가지로 화이트 와인이 베이스이며 캐러멜로 색을 입힌다. 드라이에 비해 달콤한 맛이 강한데, 향 역시 무척 화려하다. 빨간색이라는 의미의 '루즈 Rouge', 또는 '스위트 Sweet' 베르무트라고 부르기도 한다. 베르무트 드라이처럼 그냥 단품으로도 마실 수 있으나, 무척 달기 때문에 스트레이트로 마실 경우 얼음을 넣어 희석시켜 마시는 것을 추천한다.

  베르무트 로소로 만드는 칵테일: 네그로니, 롭 로이, 불바디에.

‖ 애주가의 TMI ‖

대부분의 베르무트는 알코올 도수가 20% 미만이기 때문에 개봉 뒤 반드시 냉장 보관 해야 하며, 최대한 빨리 마시는 것이 좋습니다. 와인보다는 오래가지만, 시간이 지날수록 맛이 떨어지니 빠르면 일주일, 아무리 늦어도 한 달 이내 마시는 것을 추천합니다!

진의 분류

전 세계적으로 사랑받는 진은 제조하는 국가가 워낙 많다 보니 종류와 브랜드도 무척 다양합니다.* 가장 널리 알려져 있는 EU의 구분법을 알아두면 대형 마트에서 진을 고를 때 꽤 유용하니 꼭 참고하세요!

 London Dry Gin 런던 드라이 진

단식 증류기에 주정과 100% 천연 향료를 넣고 재증류하는 방식으로 만드는 진을 의미한다. 디스틸드 진, 진과 달리 인공적인 향료가 전혀 들어갈 수 없다는 것이 가장 큰 특징이다.

예) 고든스 진, 봄베이 사파이어, 탠커레이 진

|| 애주가의 TMI ||

'런던'이라는 명칭 때문에 영국 술이라고 생각하기 쉽습니다. 하지만 위의 조건만 갖추면 어디서 만들어도 '런던 드라이 진'이라는 문구를 사용할 수 있습니다. 한때 국내 주류업체 국순당에서도 '버킹엄 런던 드라이 진'이라는 제품을 만들었었죠.

 Gin 진

가장 낮은 등급의 진으로 증류를 통해 향을 입히지 않고, 주정에 천연 또는 인공 향료를 혼합하는 방식으로 만드는 진. '콤파운드 진^{Compound Gin}'이라고도 불린다.

예) 믹스 진, 코맨더 진

＊여기서 소개한 스타일 외에도 네덜란드의 술 '쥬니버', 달달한 진 '올드 톰 진' 등 다양한 스타일의 진이 있습니다. 다른 진에 대한 정보는 애주가의 TMI(110쪽)에서 소개합니다.

 Distilled Gin 디스틸드 진

에센스로 다양한 향을 더한 진. 런던 드라이 진과 마찬가지로 처음 향을 입힐 때 단식 증류기에 주정과 천연 향료를 넣고 재증류하는 방식으로 만든다. 차이점은 증류를 거쳐 향을 입힌 뒤 천연 또는 인공 향료, 색소, 감미료 등을 넣을 수 있다는 점이다. 런던 드라이 진이 클래식한 느낌이라면, 디스틸드 진은 허브나 과일 등 부재료의 향을 강조한 제품이 많다.

예) 헨드릭스 진

|| 애주가의 TMI ||

대표적인 디스틸드 진으로 '헨드릭스 진Hendricks Gin'이 있습니다. 장미와 오이 향이 매력적인 이 제품은 재증류 뒤 오이와 장미 에센스를 첨가하는 방식으로 만들기 때문에 디스틸드 진으로 분류됩니다.

대표적인 진

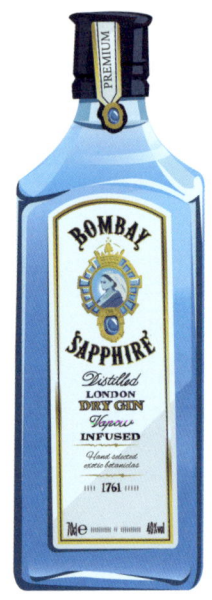

Bombay Sapphire
봄베이 사파이어

런던 드라이 진, 47%,
3만원 중반~4만원 중반

술에 관심 없는 사람의 시선도 단번에 빼앗을 만큼 새파란 병과 화려한 라벨이 특징인 진. 국내에서 가장 쉽게 구할 수 있는 진 중 하나다. 디자인만큼 화려하고 복합적인 향이 특징이다. 봄베이 특유의 허브 향이 강한 나머지 주니퍼베리 향이 약해, 정통 진을 선호하는 사람들에겐 호불호가 갈리는 제품이다.

Hendrick's Gin
헨드릭스 진

디스틸드 진, 44%,
4만원 후반~5만원 후반

술이 얼마나 남았는지 확인조차 할 수 없는 투박한 검은 병의 헨드릭스 진은 오이와 장미 추출물이 들어간 개성 넘치는 진이다. 주니퍼베리 특유의 상쾌한 향과 은은한 오이, 장미 향이 잘 어우러져 팬이 많은 프리미엄급 진. 진 토닉을 만들 때 가니쉬(음료의 모양과 빛깔을 돋보이게 하고 맛과 향을 더해주는 장식)로 오이를 넣어 먹으면 향이 훨씬 풍부해진다.

Gordon's Gin
고든스 진

런던 드라이 진, 43%, 1만원 후반~2만원 중반

착한 가격과 더불어 250년이라는 긴 역사를 자랑하는 진. 1769년부터 지금까지 레시피가 바뀌지 않은 것으로도 유명하다. 향을 맡으면 주니퍼베리 특유의 향을 또렷하게 느낄 수 있는데, 다른 런던 드라이 진에 비해 알코올 향이 좀 도드라지는 느낌이다. 주니퍼베리의 캐릭터를 확실히 알고 싶을 때 추천한다.

Tanqueray No.10
탠커레이 No.10

디스틸드 진, 47.3%, 3만원 후반대

영국 브랜드 탠커레이의 프리미엄 라인으로 '타이니10'이라는 증류기로 증류한다고 해서 탠커레이 No.10이라고 부른다. 각종 주류 경연 대회에서 수많은 상을 휩쓴 것으로도 유명한 진. 오렌지, 라임, 자몽의 껍질을 이용해 신선한 감귤 향이 강조된 것이 특징으로, 47.3%라는 높은 알코올 도수에도 불구하고 부드러운 맛이 인상적이다. 프리미엄급임에도 합리적인 가격 또한 장점!

Monkey 47
몽키 47

블랙 포레스트 드라이 진, 47%, 8만원 중반~ 9만원 중반

크랜베리, 엘더플라워, 가문비나무 싹, 세이지 등 독일 블랙 포레스트에서 자생하는 식물을 포함한 총 마흔일곱 가지의 향신료가 들어갔다. 47%의 알코올 도수를 가지고 있어 몽키 47이라는 이름이 붙었다. 은은한 꽃, 라임, 허브, 솔의 향이 부드럽고 조화롭게 어우러진 맛으로, 스트레이트로 마셔도 훌륭하나 높은 가격이 아쉽다.

HOME COCKTAIL RECIPE

홈 칵테일 레시피

진은 냉동실에 넣어 차갑게 얼려 그냥 마셔도 맛있지만, 토닉 워터를 비롯해 여러 음료 및 리큐르와 잘 어울리는 술입니다. 집에서 만들 수 있는 대표적인 진 베이스 칵테일을 소개합니다.

진으로 만드는 더 많은 칵테일 레시피는 3장에서 만나볼 수 있습니다!
레드 라이언, 싱가포르 슬링, 에비에이션, 콜로니얼, 내비게이터, 재패니즈 진 토닉, 파라다이스, 스프링 필링, 그린 알래스카, 네그로니, 알렉산더, 생제르맹 진 토닉

#산뜻한 #깔끔한 #달지_않은

Gin Rickey
진 리키

조각 얼음 | 진 60ml | 라임 주스 15ml | 탄산수 100ml | 라임 휠

하이볼 글라스, 빌드, 올데이 칵테일

1. 글라스에 얼음, 진, 라임 주스, 탄산수를 넣는다.
2. 바 스푼을 이용해 가볍게 젓는다.
3. 라임으로 장식하면 끝!

Gimlet
김렛

#쨍한_상큼함 #고도수 #클래식

조각 얼음 | 진 60ml | 라임 주스 20ml
모닌 설탕 시럽 5ml

마티니 글라스, 셰이킹, 올데이 칵테일

1. 셰이커에 얼음, 진, 라임 주스, 설탕 시럽을 넣는다.
2. 셰이커를 8~10초 흔들어 잘 섞는다.
3. 마티니 글라스에 따르면 끝!

#칵테일의_왕 #섬세한_맛 #고도수

Dry Martini
드라이 마티니

조각 얼음 | 차갑게 얼린 진 50ml | 드라이 베르무트 10ml
그린 올리브

마티니 글라스, 스터, 식전주

1. 믹싱 글라스에 얼음, 진, 드라이 베르무트를 넣는다.
2. 바 스푼을 이용해 8~10초 젓는다.
3. 스트레이너를 이용해 마티니 글라스에 따른다.
4. 그린 올리브를 넣으면 끝!

> TIP ‖ 1. 그린 올리브 대신 레몬 필을 잔 위에서 비틀어 향을 입히는 것도 추천한다.
> 2. 드라이 베르무트의 양은 취향에 따라 조절한다.

White Lady
화이트 레이디

#상큼한 #시트러스 #고도수

조각 얼음 | 진 40ml | 레몬 주스 20ml
오렌지 리큐르(화이트) 20ml

마티니 글라스, 셰이킹, 올데이 칵테일

1. 셰이커에 얼음, 진, 레몬 주스, 오렌지 리큐르를 넣는다.
2. 셰이커를 8~10초 흔들어 잘 섞는다.
3. 마티니 글라스에 따르면 끝!

TIP ‖ 오렌지 리큐르를 그레나딘 시럽 10ml로 바꾸면 예쁜 핑크빛의 칵테일 '핑크 레이디 Pink Lady'가 된다.

#오렌지 #달콤한 #상큼한

Opal
오팔

조각 얼음 | 진 40ml | 오렌지 주스 20ml
오렌지 리큐르(화이트) 10ml

마티니 글라스, 셰이킹, 올데이 칵테일

1. 셰이커에 얼음, 진, 오렌지 주스, 오렌지 리큐르를 넣는다.
2. 셰이커를 8~10초 흔들어 잘 섞는다.
3. 마티니 글라스에 따르면 끝!

애주가의 TMI

진 덕후의 심금을 울리는
세계 속 다양한 진

- **진으로 만드는 담금주, 슬로 진 Sloe Gin**
  유럽에서 주로 자라는 슬로베리(야생 자두)와 설탕을 진에 넣어서 만드는 일종의 과일 담금주. 과거 유럽의 가정에서 만들었던 술을 상업화한 제품으로, 다양한 브랜드에서 생산한다. 알코올 도수는 일반 진보다 낮은 25~30%로, 스트레이트로 마시거나 칵테일의 부재료로 사용한다.

- **달콤한 맛의 진, 올드 톰 진 Old Tom Gin**
  18세기에 유행했던 당분이 첨가된 진. 런던 드라이 진에 '드라이'가 붙은 이유는 단맛이 있는 올드 톰 진과 구분하기 위해서였다고 한다. 달지 않은 런던 드라이 진의 대유행으로 많이 사라졌으나, 크래프트 칵테일의 유행으로 다시 부활했다.

- **나 오늘 취하고 싶다, 네이비 스트렝스 Navy Strength**
  57% 이상의 알코올 도수를 가진 도수 높은 진에 붙는 명칭이다. 알코올 도수를 정확히 측정할 수 없었던 과거, 영국 해군은 배급 받은 술이 물에 희석된 건지 확인하기 위해 화약을 뿌리곤 했다. 이때 불이 붙는 알코올 도수가 57%라고 해서 '네이비 스트렝스'라는 이름이 붙었다.

- **진의 조상님, 쥬니버 Genever**
  네덜란드에서 생산되는 스피릿으로 오늘날 진의 원형이다. 곡물의 고소한 맛과 주니퍼베리의 향이 특징이다. 리큐르로 유명한 브랜드 '볼스'사의 쥬니버를 국내에서도 만날 수 있다.

프리미엄 리뷰

대담하고 간결한 한 방,
포 필라스 네이비 스트렝스 진

술 자체의 향이 화려하고 다양해서일까? 아니면 브랜드마다 다른 허브와 향신료가 들어가서일까? 진은 유독 개성 넘치는 디자인의 병이 많다. 전방 50m 앞에서도 알아볼 수 있을 것 같은 새파란 '봄베이 사파이어'부터, 쨍한 초록빛에 우뚝 솟은 '탠커레이 No.10', 검은 약병 형태의 '헨드릭스 진'까지. 텍스트로 묘사하자면 지면이 한참 필요할 정도로 재미난 외관의 제품이 한가득이다.

이에 비해 호주의 크래프트 진, '포 필라스 Four Pillars'는 대담하고 간결하다. 화려한 세공이라곤 전혀 없는 매끄럽고 둥그런 병에 일러스트도, 몇 가지 향신료가 들어갔는지 나열하는 문구도 없다. 심지어 세계 유수의 경연 대회에서 수차례 수상했음에도 수상 내용조차 표기하지 않았다. 마치 술의 맛만으로 평가받고 싶다고 얘기하는 것처럼. 다른 진과 대비되는 이런 특징 덕에 더욱 눈에 띄고 호기심이 생기는데, 생산되는 시리즈 역시 무척 흥미롭다. 세계적인 클래식 칵테일 '네그로니'의 이름을 따 만든 '스파이스드 네그로니 진', 호주에서 재배되는 쉬라즈 포도와 블렌딩해 만든 보랏빛의 '쉬라즈 진', 파워풀한 고도수의 '네이비 스트렝스 진', 오크통에 숙성한 '배럴 에이징 진' 등 진 애호가라면 호주 행 비행기 티켓 가격이 궁금해질 정도로 매력적인 라인업이다. 다행스럽게도 국내에서 이 모든 제품을 만날 수 있다.

맘 같아선 모두 다 냉동실에 갖춰두고 싶지만, 포 필라스는 프리미엄 진답게 가격대가 일반 진의 두 배 이상으로 꽤 높은 편이다. 여러 제품 중 개인적으로 추천하고 싶은 술은, 다양한 칵테일 서적에 빠짐없이 등장하지만 막상 국내에선 찾기 어려운 고도수의 '포 필라스 네이비 스트렝스 Four Pillars Navy Strength'다. 58.8%라는 흔치 않은 알코올 도수를 자랑하듯 딱 한 잔만으로도 쉽고 빠르게 취할 수 있다. 강한 도수만큼이나 진한 시트러스, 솔향기에 생강의 알싸함이 묻어난 달콤한 맛이 특징이다. 진 토닉, 김렛, 네그로니 등 평소 마시는 진 칵테일에 파워풀한 '포인트'를 주고 싶다거나 40%의 알코올이 못내 아쉬웠던(?) 분이라면 강력 추천한다. 냉동실에 한 병 갖춰두면 마음 속에 해군 전함 한 척 들인 것만큼이나 든든해진다.

WHISKY 위스키
나무와 시간, 사람이 만나 만들어진 선물

#오크통의_매력 #복합적인 #다채로운_풍미

오랜 역사와 숙성된 나무가 만들어내는 복합적인 풍미로 세계적으로 사랑받는 술, 위스키. 재료와 만드는 나라, 숙성시키는 통에 따라 맛의 스펙트럼이 천차만별로 달라지니 애주가에게 위스키만큼 매력적인 술이 또 있을까요? 나무와 시간, 사람이 만나 만들어낸 선물 같은 위스키의 다양한 매력을 소개합니다.

위스키란?

곡물을 발효 및 증류한 술을 오크통에 숙성시켜 만드는 술입니다. 주로 사용되는 곡물은 보리, 호밀, 옥수수, 밀 등이며, 만드는 나라마다 사용하는 곡물과 숙성법이 조금씩 달라 맛의 스펙트럼이 무척 다양합니다.

위스키의 어원과 기원

아일랜드와 스코틀랜드 사이에선 위스키를 처음 만든 곳에 대한 의견이 무척이나 첨예하게 대립합니다. 각 나라는 저마다 자신들이 원조라고 주장하고 있어, 논쟁은 현재까지도 진행 중이죠. 12세기부터 아일랜드에서 위스키를 만들어 마셨다는 기원이 가장 유명합니다. 위스키의 어원은 '생명의 물'이라는 의미의 스코틀랜드 게일어, '우스게 바하Uisge Beatha'에서 유래했다고 전해집니다.

|| 애주가의 TMI ||

위스키는 나라별로 부르는 명칭이 다른데, 아일랜드와 미국에서는 'Whiskey'라고 부르며 스코틀랜드, 일본, 캐나다는 'Whisky'라고 표기합니다. 이 책에서는 Whisky로 통일했습니다.

나무로 만든 통, 배럴 Barrel

다크 스피릿인 위스키는 각 나라마다 사용하는 재료는 다르지만, 나무통에서 숙성을 거친다는 점만큼은 같습니다. 앞서 소개했던 그 어떤 술보다 나무통의 영향을 크게 받죠. 어떤 나무를 이용해 위스키를 숙성하는지 본격적으로 소개합니다.

오크 탐구생활

오크Oak, 한국어로 참나무라고 불리는 이 나무는 위스키 숙성을 위해 태어난 나무가 아닐까 싶을 정도로 숙성에 최적화된 나무입니다.

- **오크의 장점**

  1. 구하기 쉽다.
  2. 단단하고 유연한 목질을 가지고 있어 통으로 만들기 쉽다.
  3. 나무 고유의 특성으로 인해 통으로 만들었을 때 액체가 새지 않는다.
  4. 알코올과 오크 표면이 닿았을 때, 나무가 품고 있는 다양한 향이 분리돼 위스키에 풍부한 향을 담아준다.

똑같은 오크 나무로 만든 통을 사용하지만, 스코틀랜드와 미국이 사용하는 통은 조금 다릅니다. 스코틀랜드의 경우 재사용 오크통으로 위스키를 숙성하며, 미국은 새 오크통을 불로 그을린 뒤 숙성합니다.

- **재사용 오크통**: 이전에 담았던 술의 향이 담겨있으며 부드러운 나무 향이 특징.
- **새 오크통**: 나무의 향이 강하게 배어있는 것이 특징.

오크의 풍미

재활용이 더해주는 다채로움

위스키를 숙성할 때 사용하는 오크는 주로 미국과 유럽산 오크입니다. 미국을 제외한* 대부분의 위스키 생산국은 새 나무통이 아닌 재활용 나무통을 이용해 위스키를 숙성합니다. 여기서 재활용 통이란 다른 술을 담았던 통을 의미하며, 스페인의 '셰리 와인Sherry Wine'과 미국의 '버번 위스키'를 담았던 통이 가장 널리 사용됩니다.

통을 재활용하는 이유는 여러 가지가 있습니다. 스코틀랜드의 경우 오크 나무가 잘 자라지 않는 환경이며, 새 오크통을 사용하면 나무의 강한 향미가 주재료인 몰트의 섬세한 풍미를 눌러버린다고 생각하기 때문입니다. 또 재사용한 오크통을 사용하면 이전에 담았던 술의 풍미가 오크통에 남아, 위스키에 보다 다채로운 향이 담기는 이유도 있습니다. 셰리 와인의 말린 과일, 아몬드, 디저트 케이크와 같은 향이나 버번 위스키의 달콤한 바닐라, 플로럴 향이 은은히 배는 것입니다.

최근 위스키의 전 세계적인 인기로 신상 위스키에 대한 수요가 증가하고, 셰리 와인 캐스크가 구하기 어려워지면서 특이한 오크통을 재활용하는 경우가 늘어나고 있습니다. 꼬냑, IPA 맥주, 럼, 소테른 와인, 포트 와인 등 국적과 주종에 관계없이 말이죠. 각각의 술이 가진 색다른 캐릭터가 위스키에 담긴다니, 이 책을 구입할 정도로 호기심 많은 애주가 독자라면 무척이나 반가운 소식이 아닐까 싶네요!

---

*미국의 버번 위스키는 새 오크통을 불에 그을려 1회만 사용하도록 법적으로 규정하고 있습니다.

몰트 탐구생활 스카치 위스키의 핵심 재료

위스키 중에서도 스코틀랜드에서 제조하는 위스키를 '스카치 위스키$^{Scotch\ Whisky}$'라고 합니다. 영국에서는 '위스키'라고 하면, 특별한 언급이 없는 한 스카치 위스키를 말하죠. 스카치 위스키에 가장 핵심적인 역할을 하는 재료는 바로 보리입니다. 보리는 수확과 동시에 바로 사용하지 않고, 싹을 틔운 뒤 건조 및 분쇄를 거쳐야만 사용이 가능합니다. 이렇게 완성된 재료를 '몰트^{Malt}'라고 부릅니다.

몰트화 과정

몰트의 역할

과정이 번거롭고 비용이 많이 드는데도 불구하고 왜 일반 보리가 아닌 몰트를 사용할까요? 몰트화 과정에서 보리가 가지고 있던 전분을 당으로 바꿔주는 효소가 생성되기 때문입니다.

|| 애주가의 TMI ||

옥수수나 호밀과 같은 다른 곡물도 싹을 틔울 때 효소가 생성되지만, 보리에서 생성되는 효소의 함량이 월등하기 때문에 스카치 위스키 양조에는 몰트가 가장 많이 사용됩니다.

피트 탐구생활 매력적인 향의 근원

피트

스카치 위스키에서 풍기는 매력적인 훈연 향을 맡아본 분이라면 그 향이 어디서 왔는지 자연스럽게 호기심이 생길 거예요. 스카치 특유의 향은 보리를 건조할 때 사용하는 연료, '피트Peat'에서 발생합니다.

피트란 풀, 이끼, 나무 등의 식물과 유기물이 오랜 세월 쌓여 만든 퇴적층으로, 스코틀랜드는 지리적 특성상 피트가 흔해 몰트를 건조할 때 연료로 사용해왔습니다. 피트를 이용해 보리를 건조하면 특유의 향이 보리에 배어들어 독특한 풍미를 만들죠.

피트의 풍미

기술이 발달한 오늘날에는 석탄 또는 열풍 건조 등의 방식으로 만든 몰트와 피트 몰트를 적절히 섞어 사용합니다.

블렌딩별 분류

균일하고 품질 좋은 위스키를 만들기 위해서는 여러 종류의 위스키를 섞어 맛을 균일하게 만드는 블렌딩Blending 과정을 반드시 거쳐야만 합니다. 이 블렌딩 방식에 따라 스카치 위스키를 부르는 명칭이 달라집니다.

Single Malts Whisky 싱글 몰트 위스키

하나의 증류소에서 생산한 몰트 위스키로만 블렌딩한 위스키.

예) 글렌피딕 12, 라프로익 10, 라가불린 16

Single Grain Whisky 싱글 그레인 위스키

하나의 증류소에서 생산한 그레인 위스키로만 블렌딩한 위스키.

예) 헤이그 클럽

Blended Whisky 블렌디드 위스키

몰트 위스키와 그레인 위스키를 블렌딩한 위스키. 여러 증류소의 원액을 블렌딩한다.

예) 페이머스 그라우스, 조니워커 블랙, 발렌타인 12

Blended Malts Whisky 블렌디드 몰트 위스키

두 개 이상의 증류소에서 만든 몰트 위스키를 블렌딩한 위스키.

예) 조니워커 그린

 Blended Grain Whisky 블렌디드 그레인 위스키

두 개 이상의 증류소에서 만든 그레인 위스키를 블렌딩한 위스키.

예) 컴파스박스 헤도니즘

 Single Barrel Whisky 싱글 배럴 위스키

하나의 통에서 나온 원액에 다른 위스키를 섞지 않고 그대로 병입한 위스키. 다른 위스키를 섞진 않지만 물을 넣어 마시기 편한 알코올 도수로 맞추기도 한다. '싱글 캐스크$^{single\ Cask}$'라고도 부른다.

예) 더 발베니 15년 싱글 배럴

 Cask Strength Whisky 캐스크 스트렝스 위스키

물을 희석하거나 냉각 처리하지 않고 완성된 원액 그대로를 병에 담은 고도수의 위스키.

예) 라프로익 10 캐스크 스트렝스

왜 블렌딩을 할까?

위스키는 '나무통'이라는 자연물에 숙성하는 술입니다. 세상에 똑같은 나무가 존재하지 않는 것처럼 오크통 역시 만들 때마다 달라질 수밖에 없죠. 그래서 동일한 기간을 숙성하더라도 매번 조금씩 다른 결과물이 나오게 됩니다.

똑같은 컨디션의 나무통에 동일한 원액이 들어갔다고 하더라도 숙성하는 환경이 위스키에 영향을 미칩니다. 미국 켄터키 지방과 같이 태양이 뜨겁고 기후 변화가 큰 곳의 경우, 지붕과 가까운 곳에서 숙성하는 통은 태양의 영향으로 빠르게 숙성하죠. 반대로 기온의 변화가 높지 않은 바닥 쪽에 위치한 통은 상대적으로 숙성이 느리게 진행됩니다. 똑같은 기간 숙성한 위스키라도 전혀 다른 결과물이 나오게 되는 이유입니다.

이처럼 블렌딩은 일관성 있는 품질의 위스키를 만드는 데 필수 불가결한 마침표 같은 과정이라고 할 수 있겠습니다. 생산한 수백, 수천 통의 위스키 원액의 품질과 맛을 일일이 파악해 최적의 비율로 블렌딩하는 일, 상상만 해도 엄청나지 않나요?

오크통에서 바로 빼낸 섞지 않은 원액을 맛보고 싶다면 위스키 라벨에서 '싱글 캐스크 Single Cask' 또는 '싱글 배럴 Single Barrel'라는 문구를 찾아보세요. 하나의 나무통에서 꺼낸 위스키를 그대로 병에 담았다는 의미입니다.

블렌딩과 위스키 라벨에 적힌 숙성 년도의 진실

통에서 빼자마자 병입하는 특별한 위스키(싱글 배럴, 캐스크 위스키)를 제외하면 모든 위스키들은 일관된 결과물을 만들기 위한 과정인 블렌딩, 즉 여러 종류의 원액을 혼합하는 과정을 반드시 거치게 됩니다. 많은 이들이 위스키 라벨에 적힌 커다란 숫자(12년, 15년, 18년)를 보고, '아, 그 햇수 동안 숙성한 원액이 담겨있구나'라고 생각할 겁니다. 하지만 라벨에 기재된 연수는 블렌딩한 수많은 원액 중 숙성 년도가 가장 낮은 연수입니다. 그렇게 기재하도록 규정돼있기 때문이죠. 여러분이 12년산 위스키를 샀다면, 그 위스키 안에는 12년뿐만 아니라 두 배 이상 숙성된 위스키가 들어갔을 수도 있다는 것입니다.

높은 가격의 원인

보통 고숙성 위스키일수록 가격이 높습니다. 여기에는 위스키의 품질 외에도 다른 여러 가지 요소가 작용합니다. 가장 큰 이유는 역시 희소성입니다. 기후에 따라 다르지만 스카치 위스키의 경우, 매년 1~2%가량 증발하게 되죠. 오랜 숙성을 거치고 남은 위스키는 자연스럽게 소량일 수밖에 없습니다. 여기에 장기간 위스키를 숙성하는 부동산, 숙성을 하는 동안 증류소를 유지하는 자금 역시 위스키에 매겨진다고 생각하면 고숙성 위스키가 고가인 것은 자연스러운 일이 아닐까 싶네요.

||애주가의 TMI ||

버번 위스키는 왜 숙성 연수 표기를 잘 하지 않을까?

자신이 얼마나 숙성됐는지 자랑스레 드러내는 스카치 위스키와 달리 시중의 아메리칸 위스키는 라벨에 숙성 연수를 표기하지 않은 경우가 대부분입니다. 버번 위스키는 '2년 이상, 4년 미만 숙성'의 경우 반드시 라벨에 숙성 연수를 표기해야 하며, '4년 이상 숙성'할 경우 숙성 연수 표기 여부를 선택할 수 있다는 법적 규정이 있습니다. 시중의 아메리칸 위스키에 연수가 적혀 있지 않은 이유는 최소 4년 이상 숙성된 위스키가 들어갔기 때문이죠.

오래 숙성할수록 좋은 걸까?

고숙성 위스키일수록 가격이 높다 보니 자연스럽게 맛도 좋을 것이라고 생각하는 경우가 많습니다. 하지만 많은 평론가들은 '고숙성=고품질'은 아니라고 이야기합니다. 각각의 위스키는 통마다 최상의 상태가 다르기 때문에, 무작정 길게 숙성하는 것보다 오크통과 담겨있는 원액(스피릿)의 컨디션을 고려해 적절한 연수를 선택해야 한다는 것이죠.

물론 오랜 숙성은 위스키에 진한 나무의 풍미와 부드러움을 안겨줍니다. 그렇지만 진하고 부드럽다고 해서 무조건 최고라고 이야기할 수는 없습니다. 위스키는 알코올 도수부터 풍미, 맛, 여운 등 전체적인 밸런스가 중요한 술이기 때문이죠. 무조건 "고숙성 최고!"를 외치기보다 자신의 취향을 확실히 알고 도전하는 것이 통장 단속에도 좋습니다. 고숙성 위스키는 가격이 매우 높기 때문입니다.

일례로 강렬한 훈연 향으로 유명한 스카치 위스키 '라프로익Laphroaig'의 경우, 숙성 연수가 높아질수록 특유의 훈연 향이 부드러워져 고숙성보다 개성 강한 10년산을 선호하는 분이 많습니다(물론 비싸서 못 마시는 것도 한몫할 것입니다).

더불어 위스키를 숙성하는 나라의 환경에 대한 이해도 중요합니다. 시중에 판매하는 위스키 중 스카치는 12년산도 쉽게 볼 수 있는 반면, 버번은 연수를 표기하지 않는 평균 4년 이상의 스트레이트 버번이 대부분입니다. 대부분입니다. 그럼에도 버번 위스키의 팬은 어마어마하게 많습니다. 이는 두 나라의 환경적 차이 때문입니다.

스코틀랜드는 1년 내내 기온이 높지 않아 오크의 캐릭터가 위스키에 천천히 배어듭니다. 증발량도 많지 않아 위스키를 오랫동안 숙성하기에 최적의 조건을 갖춘 나라죠. 반면, 대부분의 버번 위스키를 생산하는 미국 켄터키주는 기온이 높고 건조해 짧게 숙성해도 오크의 풍미가 진하게 배어 나옵니다. 숙성이 빠르게 진행되는 것은 장점이지만, 그만큼 증발량도 많아(연간 3~5%) 고숙성이 무척 어려운 환경이죠. 그러니 스카치 위스키에 비해 버번 위스키의 숙성 연수가 짧을 수밖에 없겠죠?

재료별 분류 스코틀랜드와 미국

위스키는 나라, 사용한 재료, 블렌딩하는 방식 등에 따라 구분법이 달라집니다. 위스키의 문화를 널리 발달시킨 스코틀랜드, 미국, 아일랜드의 구분법이 가장 널리 사용되며 일본, 대만, 호주 등 다른 생산국은 관례적으로 스카치 위스키의 구분법을 따릅니다. 이 책에서는 국내에서 가장 쉽게 구할 수 있는 스코틀랜드와 미국 위스키를 메인으로 소개합니다.

★★★ 스코틀랜드 ★★★

스카치 위스키의 재료

스코틀랜드는 몰트를 포함해 옥수수, 호밀, 밀 등 다양한 곡물을 이용해 위스키를 제조합니다. 그중 몰트로 만든 위스키를 가장 높게 평가합니다.

100% 몰트로 만든 '몰트 위스키'는 보리 특유의 캐릭터와 몰트화 과정에서 사용하는 피트의 풍미가 더해져 각 증류소의 개성이 듬뿍 담기죠. 하지만 주재료인 몰트의 단가가 높아 가격이 비싸고, 개성이 너무 뚜렷해 호불호가 갈릴 수 있다는 단점이 있습니다. 반대로 각종 곡물이 혼합된 '그레인 위스키'는 개성은 적지만 가볍고 부드러운 맛을 내며, 제조 단가까지 저렴하다는 큰 강점을 가집니다. 이런 두 술의 장단점을 고려해, 적절한 비율로 블렌딩한 위스키가 바로 '블렌디드 위스키'입니다. '조니 워커', '발렌타인', '시바스 리갈' 등 쉽게 접할 수 있는 위스키의 대부분은 블렌디드 위스키입니다.

몰트 위스키 + 그레인 위스키 → 블렌디드 위스키

- **몰트 위스키** Malts Whisky
  몰트만을 사용해 만든 위스키.

- **그레인 위스키** Grain Whisky
  보리를 비롯한 여러 곡물(밀, 호밀, 옥수수 등)을 혼합해 만든 위스키.

- **블렌디드 위스키** Blended Whisky
  몰트 위스키와 그레인 위스키를 혼합해 만든 위스키.

|| 애주가의 TMI ||

몰트 위스키와 그레인 위스키의 차이가 뚜렷한 이유는 재료의 차이도 있지만, 증류기의 차이도 있습니다. 몰트 위스키는 단식 증류기를, 그레인 위스키는 연속식 증류기를 사용하기 때문입니다(46~47쪽 참고).

★★★ 미국 ★★★

아메리칸 위스키 American Whisky

미국은 스코틀랜드와 다르게, 몰트와 그레인을 분류하지 않고 여러 종류의 곡물을 분쇄 및 혼합해서 위스키를 제조합니다. 이 곡물 혼합물을 '매쉬빌 Mashbill'이라고 부르며, 각 곡물의 함량에 따라 위스키를 부르는 명칭이 달라집니다. 스코틀랜드식 기준으로 따지면 미국의 위스키는 모두 '그레인 위스키'가 되는 것이죠!

- **버번 위스키** Bourbon Whisky
  매쉬빌 중 옥수수 함량이 51% 이상인 위스키.
  예) 와일드 터키 101, 메이커스 마크

- **라이 위스키** Rye Whisky
  매쉬빌 중 호밀 함량이 51% 이상인 위스키.
  예) 불릿 라이, 와일드 터키 라이

- **위트 위스키** Wheat Whisky
  매쉬빌 중 밀 함량이 51% 이상인 위스키.
  예) 드라이 플라이 위트 위스키

- **콘 위스키** Corn Whisky
  매쉬빌 중 옥수수 함량이 80% 이상인 위스키.
  예) 멜로우 콘

미국은 반드시 저 네 가지 위스키만 만드느냐! 꼭 그런 것은 아닙니다. 몇몇 재밌는 시도를 하는 증류소는 옥수수가 아닌 몰트만을 사용해 몰트 위스키를 만들기도 한답니다. '아메리칸 싱글 몰트 위스키 American Single Malt Wisky'라는 이름을 붙여서 말이죠!

|| 애주가의 TMI ||

스트레이트 버번

아메리칸 위스키에서 흔하게 볼 수 있는 스트레이트라는 문구. 미국은 위스키를 2년 이상 숙성하면 스트레이트 Straight라는 문구를 선택적으로 붙일 수 있습니다. 증류소의 선택에 따라 붙이기도, 안 붙이기도 하는 것이죠.

- 2~4년 미만 숙성한 위스키: 라벨에 스트레이트 문구 표기 가능(선택) 라벨에 숙성 연수는 반드시 표기(필수).

- 4년 이상 숙성한 위스키: 라벨에 스트레이트 문구 표기 가능(선택) 라벨에 숙성 연수 표기 여부선택 가능(선택)

예) 짐 빔 화이트 스트레이트 버번 위스키
→ 4년 이상 숙성한 원액으로 만들어진 버번 위스키

예) 러셀 10 스트레이트 버번 위스키
→ 10년 이상 숙성한 원액으로 만들어진 버번 위스키

대표적인 위스키

Johnnie Walker Black
조니워커 블랙

블렌디드 위스키, 40%,
4만원 중반~5만원 중반

세계에서 가장 판매량이 높은 블렌디드 위스키. 조니워커는 숙성 연수를 표기하지 않고 레드, 블랙, 그린, 블루 등 색깔로 구분한다. 그중 블랙은 12년 이상의 위스키를 블렌딩해 만든 제품이다. 은은한 스모키함, 달콤한 꿀, 꽃과 과일, 바닐라 등의 향이 복합적으로 어우러진다. 대중성과 퀄리티를 동시에 갖춘 훌륭한 제품으로 스카치 위스키에 입문하는 사람에게 추천하는 제품.

Ballantine's 12
발렌타인 12

블렌디드 위스키, 40%, 4만원 중반

1827년 스코틀랜드의 한 식료품점에서 여러 종류의 위스키를 판매했던 것에서 시작된 브랜드로, 창업자의 이름을 따 발렌타인이라는 이름이 붙었다. 발렌타인 12년은 50종 이상의 싱글 몰트를 블렌딩해 만드는 위스키다. 꿀, 시럽, 바닐라, 꽃 등 위스키에서 기대할 수 있는 다양한 풍미가 균형감 있게 어우러진다. 년도를 표기하지 않는 NAS 등급의 발렌타인 파이니스트 제품도 평이 좋다.

Glenmorangie Original
글렌모렌지 오리지널

싱글 몰트 위스키, 40%, 8~9만원대

스코틀랜드에서 가장 목이 긴 증류기를 사용하는 증류소 '글렌모렌지'. 증류기의 외관을 본뜬 병 모양도 무척 근사하다. 버번 위스키를 담았던 통에 1차 숙성을 거친 뒤, 와인 캐스크로 옮겨 2차 숙성을 거치는 우드 피니쉬Wood Finish 공법으로도 유명하다. 마데이라, 소테른, 부르고뉴 등 다양한 와인 오크통에 위스키를 추가 숙성해 다채로운 맛을 창조해오고 있다. 10년에 해당하는 오리지널은 향긋한 꽃과 꿀, 바닐라의 향이 어우러진 부드럽고 깔끔한 맛이 특징.

Bulleit Rye
불렛 라이

라이 위스키, 45%, 6~7만원 중반

납작한 병에 기울여지듯 빙 둘러진 라벨이 감각적인 미국의 위스키. 여타 라이 위스키보다 호밀의 함량이 무척 높은 편(95%)이며 옥수수가 전혀 들어가지 않았다. 박하가 연상되는 화사한 향과 호밀의 알싸하고 톡 쏘는 특징을 또렷하게 느낄 수 있다. 버번 위스키에 비해 단맛이 덜하고 드라이하게 끝나는 맛 역시 매력적. 각종 주류 경연대회에서 상도 여러 번 받은 제품이며, 불렛 버번 역시 가격 대비 품질이 좋다.

Laphroaig 10
라프로익 10

싱글 몰트 위스키, 43%, 9만원~10만원대

스코틀랜드 아일라섬에 위치한 200년 이상의 역사를 가진 증류소에서 생산하는 위스키. 블렌디드 위스키에선 상상할 수 없을 정도로 강한 훈연 향이 특징인데, 이 향은 몰트를 건조할 때 사용하는 피트에서 만들어지는 캐릭터다. 'Love or Hate, There is no in Between'이라고 광고할 정도로 호불호가 강하게 갈리는 술. 강렬한 훈연, 바다 향이 몰아치듯 쏟아지다가 달콤한 꿀과 바닐라 향으로 이어지는 것이 무척 매력적이다. 개성 강한 싱글 몰트가 궁금하다면 강력 추천!

Jack Daniel No.7
잭 다니엘 No.7

테네시 위스키, 40%, 4만원 중반~5만원 중반

국내에서 가장 인지도가 높은 버번 위스키. 잭 다니엘은 정확히 말하면 '테네시 위스키'로 분류되는데, 이는 일반 버번 위스키와 다르게 오크통 숙성 전 단풍나무 숯 여과를 거치기 때문이다. 다른 나라에 비해 유독 한국에서 가격이 높게 측정됐으며, 부드럽고 달콤한 향에 비해 맛은 거친 편이다. 그냥 마시기보다 콜라와 섞어 만드는 칵테일 '잭 콕 Jack&Coke'으로 마시는 것을 추천한다.

Maker's Mark
메이커스 마크

버번 위스키, 45%, 5만원 중반~6만원 중반

독특한 형태의 병과 붉은 밀랍으로 밀봉한 뚜껑이 특징인데, 수작업으로 진행하는 공정이라 모든 병의 밀랍 형태가 다르다. 매쉬빌 중 호밀 함량이 적고, 밀이 들어가 다른 버번에 비해 부드러운 맛을 가졌다. 디자인도 예뻐 버번 위스키에 입문할 때 추천한다.

HOME COCKTAIL RECIPE

홈 칵테일 레시피

나라, 지역, 재료, 숙성에 따라 천차만별로 달라지는 술, 위스키. 그냥 따라 마셔도 얼마든지 맛있게 즐길 수 있지만, 취향에 따라 다양한 변주가 가능합니다. 탄산수를 섞어 가볍게 마시기 좋은 '하이볼'부터 설탕과 오렌지 향을 입은 클래식 칵테일 '올드 패션드', 상큼한 맛이 기분 좋은 '위스키 사워' 등 다양한 위스키 칵테일 속에서 여러분의 취향을 찾아보세요.

위스키로 만드는 더 많은 칵테일 레시피는 3장에서 만나볼 수 있습니다!
헌터, 프리스코, 예거마이스터 컷, 갓 파더, 엘더 패션드, 러스티 네일, 골든 네일

#상큼한 #경쾌한 #기분전환

조각 얼음 | 스카치 위스키 45ml | 레몬 주스 15ml
모닌 설탕 시럽 1tsp

Whisky Sour
위스키 사워

마티니 글라스, 셰이킹, 올데이 칵테일

1. 셰이커에 위스키, 설탕 시럽, 레몬 주스를 넣는다.
2. 바 스푼을 이용해 한 번 섞는다.
3. 얼음을 채우고 8~10초 셰이킹 한다.
4. 마티니 글라스에 따르면 끝!

TIP ǁ 스카치 위스키를 버번 위스키로 바꿔도 맛있다.

Highland Cooler
하이랜드 쿨러

#경쾌한 #드링커블한 #마시기_편한

조각 얼음 | 스카치 위스키 40ml | 레몬 주스 10ml
모닌 설탕 시럽 10ml | 진저 에일 120ml

하이볼 글라스, 빌드, 올데이 칵테일

1. 글라스에 얼음과 위스키, 레몬 주스, 시럽을 넣는다.
2. 바 스푼으로 가볍게 젓는다.
3. 진저 에일을 채우고 바 스푼으로 한 번 더 저으면 끝!

#달콤_상큼한 #감각적인

New Yorker
뉴요커

조각 얼음 | 버번 위스키 40ml | 라임 주스 20ml
그레나딘 시럽 10ml

마티니 글라스, 셰이킹, 올데이 칵테일

1. 셰이커에 얼음, 위스키, 주스, 그레나딘 시럽을 넣는다.
2. 셰이커를 8~10초 흔들어 잘 섞는다.
3. 마티니 글라스에 따르면 끝!

Mint Julep
민트 줄렙

#향긋한 #달콤한 #리프레시

으깬 얼음 | 버번 위스키 50ml | 민트 잎 8~10장
모닌 설탕 시럽 2tsp

온더락 글라스, 빌드, 올데이 칵테일

1. 글라스에 민트 잎을 넣는다.
2. 머들러로 살살 으깨 향을 낸다.
3. 위스키, 설탕 시럽을 넣고 잘 젓는다.
4. 으깬 얼음을 채우고 충분히 젓는다.
5. 남은 민트 잎으로 장식한 뒤 빨대를 꽂으면 끝!

> TIP ‖ 민트 줄렙은 그냥 마시기엔 알코올 도수가 높기 때문에 바 스푼으로 충분히 젓는 것을 추천한다.

#향긋한 #클래식_칵테일 #복합적인

Old Fashioned
올드 패션드

조각 얼음 | 버번/라이 위스키 60ml
모닌 설탕 시럽 1tsp | 앙고스투라 비터 2dash
마라스키노 체리 | 오렌지 필

온더락 글라스, 스터, 올데이 칵테일

1. 온더락 글라스에 설탕 시럽, 위스키를 넣는다.
2. 앙고스투라 비터를 넣고 바 스푼으로 잘 젓는다.
3. 얼음을 넣고 충분히 젓는다.
4. 오렌지 필을 잔 위에서 비틀어 향을 입힌 뒤 넣는다.
5. 취향에 따라 마라스키노 체리를 장식하면 끝!

애주가의 TMI

예비 위스키 덕후라면
반드시 알아야 할 필수 TMI

- **천사의 몫** Angel's Share
  위스키를 나무통에 숙성시키는 동안, 알코올 성분이 조금씩 증발하는 현상을 의미한다. 기온이 낮은 나라에서는 휘발량이 1~2%로 많지 않지만, 기온이 높고 습한 나라에서는 휘발량이 5~10%로 무척 크다.

- **독립병입자** Independent Bottling
  자신이 직접 생산하진 않지만, 다른 증류소의 원액을 구입해 개별적으로 숙성 및 병입해 출시하는 방식을 '독립병입자', 줄여서 'IB'라고 부른다. 위스키를 직접 생산하는 증류소에서 출시하는 오피셜 보틀 Official Bottle과 구분되는 개념으로, 독립병입자만의 색깔을 입은 라벨과 개성 있는 풍미가 특징이다.
  ex) 더글라스 랭의 '빅 피트 Big Peat'

- **노 에이지 스테이트먼트** No Age Statement
  숙성 기간을 표기하지 않은 위스키. 'NAS'라고도 부른다. 위스키의 세계적인 유행으로 고숙성 위스키의 공급이 부족해지면서 자연스럽게 NAS 등급의 위스키가 증가하는 추세다.

- **칠 필터링과 논 칠 필터드 위스키** Chill Filtering & Non-Chill Filtered Whisky
  대부분의 위스키는 지방산을 함유하는데, 지방산은 물과 만나면 알코올과 분리돼 색을 뿌옇게 만든다. 이를 꺼리는 많은 증류소는 위스키 온도를 차게 식혀, 지방산을 걸러내는 과정을 거치는데, 이 과정을 칠 필터링(냉각 여과)라고 부른다.
  위스키 애호가들은 이 필터링 과정이 위스키 고유의 향미를 없앤다고 해서 필터링 하지 않는 위스키를 제조하기도 한다. 이를 '논 칠 필터드 위스키 Non Chill Filtered Whisky'라고 부른다. 가장 쉽게 만날 수 있는 논 칠 필터드 위스키로는 스모키한 풍미가 멋진 스카치 위스키 '아드벡 Ardbeg'이 있다. 아드벡을 마실 일이 있다면 소량의 물을 첨가해 정말로 색이 뿌옇게 변하는지 관찰해보는 것도 재밌지 않을까?

프리미엄 리뷰

이 책은 위스키 책이 아닌데……, 롱로우 레드 쉬라즈

이 〈프리미엄 리뷰〉는 내가 생각하고도 매우 감탄했던 아이디어다. 입문자에겐 호기심을 충족시켜주고, 나는 에세이를 핑계로 비싼 술을 마실 수 있는 모두가 행복한 기획. 평소 궁금했지만 쉽게 마시지 못했던 고급 술을 잔뜩 마실 훌륭한 핑곗거리가 생겼구나 싶어 아이디어가 떠오름과 동시에 쾌재를 불렀다.

몇 회의 취재를 거치면서 행복은 점차 탄식으로 바뀌기 시작했다. 평소 즐겨 마시던 엔트리급 위스키에선 어렵지 않게 '원픽'을 꼽을 수 있었는데, 가격대가 높고 카테고리가 다양한 위스키라는 장르에서 에세이에 쓸 단 하나의 술을 고르기란 쉽지 않다. 위스키의 세계는 지출 가능한 비용에 비례해 선택의 폭이 무한대로 확장 가능한 행복한 개미지옥이었던 것이다. '맛있지만 뭔가 부족해, 조금만 더 마셔보자!'를 외치다가 '잠깐. 이 책은 위스키 책이 아니잖아?' 하고 정신을 차렸을 때는 취재비가 이미 바닥을 드러내고 있었다(말이 예뻐 취재비지 100% 자비였다).

다행히 통장이 바닥을 드러내기 직전, 마음에 쏙 드는 위스키를 발견할 수 있었다. 많은 위스키 증류소가 자동화된 오늘날까지 여전히 전통의 제조 방식을 고수하는 스프링뱅크에서 만든 위스키, '롱로우 레드 쉬라즈 Long Row Red Shiraz'가 바로 그 주인공. 흔치 않게 쉬라즈 와인 캐스크에서 숙성했다는 점도 재미있었는데, 맛 역시 훌륭했다. 산뜻한 바닐라 향 뒤로 느껴지는 스모키한 피트 향에 진득한 설탕의 달달함과 짭짤한 맛이 더해졌고, 산뜻한 포도 향이 통통 튀듯이 느껴졌다. 마신 뒤 내쉬는 숨결에서 느낄 수 있는 진한 바닐라와 와인 향의 풍미까지, 마무리도 훌륭한 위스키였다.

피트, 바닐라, 설탕, 레드 와인 등 하나씩 놓고 보면 훌륭한 향이지만 음료에 전부 섞는다고 생각하면 상상이 잘 안 되는 조합이다. 좋은 위스키에선 안 어울릴 것 같은 수많은 향미가 원래 하나였던 것처럼 자연스럽게 어우러진다. 롱로우 레드 쉬라즈를 통해 내가 왜 위스키란 술에 빠질 수밖에 없는지 다시 한 번 느꼈다.

BRANDY 브랜디
입안을 감싸는 우아한 포도의 단맛

#그윽한_단맛 #부드러운 #우아한 #고급스러운

포도, 사과 등 각종 과일의 에센스를 담아낸 술, 브랜디. 사실 브랜디는 과일로 증류한 모든 술을 포괄하는 명칭이라 브랜디만으로도 책 한 권을 엮을 수 있을 정도로 종류가 다양합니다. 이 책에서는 다양한 브랜디 중 가장 인지도가 높은 프랑스의 포도 브랜디, 코냑 위주로 소개합니다. 감미롭고 그윽한 향과 입안을 감싸는 듯한 우아한 단맛을 가지는 코냑에 대해 탐구해봅니다.

브랜디란?

포도, 사과 등 각종 과일의 발효주를 증류한 술입니다. 일반적으로 포도를 증류한 술을 브랜디라고 알고 있는 경우가 많죠. 하지만 포도뿐만 아니라 사과, 체리 등 과일로 증류한 술을 총칭하는 명칭입니다.

브랜디의 어원 및 기원

브랜디라는 이름은 '태운 와인'이라는 의미의 '브란데베인Brandewijn'이라는 네덜란드어에서 유래했습니다. 포도로 만든 브랜디는 15세기 아르마냑 지방에서 만들어지기 시작해 프랑스 각지로 퍼지기 시작했으며 17세기가 돼서야 '코냑Cognac'이라는 이름으로 만들어지기 시작했습니다.

세계의 다양한 브랜디

와인을 만들고 남은 포도 찌꺼기를 바탕으로 증류한 술
그라파 Grappa

감자를 발효 및 증류한 술
아쿠아비트 Aquavit

포도를 발효 및 증류한 술
코냑 Cognac
아르마냑 Armagnac
피스코 Pisco

키르슈 Kirsch
체리를 발효 및 증류한 술

칼바도스 Calvados
사과를 발효 및 증류한 술

오드비 Eau de Vie
과일로 만든 무색투명한 증류주

코냑

화이트 와인을 단식 증류기로 증류해 나무통에 2년 이상 숙성한 술을 의미합니다. 원산지가 법적으로 정해져 있어, 프랑스의 코냑 지방에서 만들어야만 코냑이라는 이름을 사용할 수 있죠.

코냑을 만들 때 사용되는 포도는 여덟 종이 있습니다. 주로 '위니 블랑Ugni-Blanc'이라는 단맛이 적고 신맛이 강한 품종이 코냑의 주재료로 쓰입니다.

|| 애주가의 TMI ||

코냑 외의 지방에서도 포도로 브랜디를 만듭니다. 코냑 다음으로 유명한 포도 브랜디로 아르마냑 지방에서 만드는 '아르마냑'이 있습니다.

프랑스 내 코냑 생산 지역
Cognac Production Region in France

코냑의 분류

코냑은 오크통에 숙성한 년도에 따라 숫자가 아닌 영문으로 구분합니다. 위스키와 마찬가지로 균일한 맛을 유지하기 위해 여러 종류의 원액을 블렌딩하는데, 그중 가장 숙성 년도가 낮은 원액을 기준으로 합니다.

브이 에스 V.S

2년 이상 숙성한 코냑을 블렌딩한 제품. 'Very Special'을 줄여 'V.S'라고 표기한다. 여러 등급 중 가장 숙성 년도가 낮은 코냑으로, 주로 면세점에서 만날 수 있다.

예) 헤네시 V.S

브이 에스 오 피 V.S.O.P

4년 이상 숙성한 코냑을 블렌딩한 제품. 'Very Superior Old Pale'을 줄여 'V.S.O.P'라고 표기한다. 대중적으로 구하기 쉬운 등급.

예) 까뮤 V.S.O.P, 레미 마르탱 V.S.O.P

나폴레옹 Napoleon

6년 이상 숙성한 코냑을 블렌딩한 제품.

예) 까뮤 나폴레옹

엑스 오 X.O

10년 이상 숙성한 코냑을 블렌딩한 제품. 'Extra Old'를 줄여 'X.O'라고 표기한다.

예) 헤네시 X.O

대표적인 코냑

Henessy V.S.O.P
헤네시 V.S.O.P

V.S.O.P, 40%, 10만원~11만원 중반

세계에서 가장 높은 인지도와 판매량을 가지는 코냑. 1765년 처음 브랜디를 만들기 시작해, 현재는 세계적인 브랜드 LVMH(루이비통 모엣 헤네시) 그룹으로 성장했다. 숙성 년도에 따른 등급을 최초로 도입한 브랜드다. 따뜻한 바닐라와 말린 과일의 향, 부드럽고 우아한 단맛에 고도수임에도 편하게 마실 수 있어 코냑에 입문할 때 추천하는 술.

Rémi Martin V.S.O.P
레미 마르탱 V.S.O.P

V.S.O.P, 40%, 6만원 중반~7만원 중반

투명한 병에 들어있는 다른 코냑과 달리, 진녹색의 불투명한 외관에 켄타로우스(반인반마) 로고가 돋보이는 코냑. 1724년에 처음 만들어진, 가장 오래된 코냑 브랜드이기도 하다. V.S 등급부터 생산하는 다른 브랜드와 달리, V.S.O.P 등급부터 생산하는 것도 특징. 동급의 헤네시와 비교하면 숙성이 조금 덜 된 것 같은 한 톤 높은 경쾌한 단맛이 인상적이다.

Camus Borderiea V.S.O.P
까뮤 보르더리 V.S.O.P

V.S.O.P, 40%, 8만원~9만원 초반

까뮤는 5대에 걸친 가족 기업으로 유명하다. 정규 라인업은 엘레강스라고 부르며 여러 포도밭의 코냑 원액을 블렌딩해 만드는데, '보르더리Borderie'는 보르더리 농장의 포도로만 만든 제품이다. V.S.O.P 등급의 세 브랜드 중 가장 가볍고 산뜻한 단맛, 달콤한 꽃, 꿀 향기가 특징으로 가볍게 즐기기 좋은 코냑이다.

홈 칵테일 레시피

그냥 마셔도 좋고 따뜻하게 즐겨도 좋은, 우아한 단맛의 코냑. 깊은 밤을 더욱 풍성하게 즐길 수 있게 만들어줄 칵테일을 소개합니다.

브랜디로 만드는 더 많은 칵테일 레시피는 3장에서 만나볼 수 있습니다!
프렌치 커넥션, 비 앤 비, 스팅어

Horse Neck
호스 넥

#화려한_장식 #경쾌한 #드링커블한

조각 얼음 | 코냑 40ml | 진저 에일 140ml | 레몬 한 개

하이볼 글라스, 빌드, 올데이 칵테일

1. 레몬 필이 끊기지 않도록 둥글게 깎는다.
2. 글라스의 가장자리에 레몬 꼭지 부분을 끼우듯 장식한다.
3. 얼음, 코냑, 진저 에일을 차례로 채운다.
4. 바 스푼으로 가볍게 저으면 끝!

TIP ‖ 레몬 필을 생략하면 간편하고 드링커블한 칵테일 '브랜디 하이볼Brandy Highball'이 된다.

추천

#프루티한 #대표적인 #향긋한

Side Car
사이드카

조각 얼음 | 코냑 40ml | 오렌지 리큐르(화이트) 20ml
레몬 주스 20ml

마티니 글라스, 셰이킹, 올데이 칵테일

1. 셰이커에 얼음, 코냑, 오렌지 리큐르, 레몬 주스를 넣는다.
2. 셰이커를 8~10초 흔들어 잘 섞는다.
3. 마티니 글라스에 따르면 끝!

Olympic
올림픽

#의외의_조합 #외우기_쉬운_레시피

조각 얼음 | 코냑 25ml | 오렌지 리큐르(화이트) 25ml
오렌지 주스 25ml

마티니 글라스, 셰이킹, 올데이 칵테일

1. 셰이커에 얼음, 코냑, 오렌지 리큐르, 주스를 넣는다.
2. 셰이커를 8~10초 흔들어 잘 섞는다.
3. 마티니 글라스에 따르면 끝!

#감미로운 #달콤한 #디저트_칵테일

Brandy Alexander
브랜디 알렉산더

조각 얼음 | 코냑 30ml | 크렘 드 카카오(브라운) 30ml
생크림 30ml | 넛멕 가루

마티니 글라스, 셰이킹, 식후주

1. 셰이커에 코냑, 크렘 드 카카오, 생크림을 넣는다.
2. 셰이커를 8~10초 강하게 흔들어 섞는다.
3. 셰이커를 열어 얼음을 채운다.
4. 다시 한 번 셰이커를 8~10초 흔들어 섞는다.
5. 마티니 글라스에 따른다.
6. 넛멕 가루를 살짝 뿌리면 끝!

TIP ‖ 생크림은 잘 섞이지 않는 재료이기 때문에 얼음 없이 섞는 제조법 '드라이 셰이킹' 기법을 사용하기도 합니다.

Between The Sheets
비트윈 더 시츠

#이름으로_유명한 #상큼한 #강렬한

조각 얼음 | 코냑 20ml | 화이트 럼 20ml
오렌지 리큐르(화이트) 10ml | 레몬 주스 20ml

마티니 글라스, 셰이킹, 올데이 칵테일

1. 셰이커에 얼음, 코냑, 오렌지 리큐르, 레몬 주스를 넣는다.
2. 셰이커를 8~10초 흔들어 잘 섞는다.
3. 마티니 글라스에 따르면 끝!

프리미엄 리뷰

휴식의 술이 안겨준 근심, 헤네시 X.O

나에게 코냑은 취하기 위해 마시는 술이라기보다 쉬고 싶을 때 마시는 휴식의 술이다. 평소 강렬한 스모키함으로 존재감을 뽐내는 아일라 위스키와 톡 쏘는 맛의 라이 위스키 같은 개성 강한 술을 좋아하는데, 유독 힘든 하루를 보낸 날이나 잠이 잘 오지 않는 날엔 자연스럽게 '헤네시 V.S.O.P'를 찾게 된다. 향긋한 바닐라와 따뜻한 나무, 말린 과일과 화사한 꽃이 어우러진 부드럽고 우아한 향을 맡자면 온천에 몸을 담근 것처럼 긴장이 풀리고 나른해진다고 할까. 손을 꽉 채우는 둥그런 스니퍼 글라스에 코냑을 담고 빙글빙글 굴리며 취향의 음악을 듣고 있으면, 생활감 물씬 풍기는 집에서도 꽤 근사한 기분이 든다. 평소 취향과는 정반대의 술임에도 불구하고 헤네시 V.S.O.P를 항상 갖춰두는 이유다.

하지만 X.O 등급의 코냑이라면 이야기가 달라진다. 더 좋은 술인데 뭐가 문제냐고? 가격이 문제다. 주종을 가리지 않고 많은 술에 돈을 투자했지만, 700ml 기준 30만원이 훌쩍 넘는 술을 편히 마실 만큼의 배짱은 없다. 고백하자면 〈프리미엄 리뷰〉를 핑계로 한 병 사볼까 싶어 주류 전문점에 들렀었다. 눈앞의 코냑을 들었다 놨다를 반복하며 이 친구가 우리 집에 합류한 모습을 시뮬레이션으로 돌려봤다. 하지만 아무리 생각해도 평소 V.S.O.P 코냑을 즐길 때만큼 편안할 것 같지 않았다. 어깨에 힘을 빡 준 채로 한 방울 한 방울을 아까워 할 모습만이 그려질 뿐이었다. 그렇지만 디테일한 리뷰 없이 글을 쓸 수는 없는 법. 주류 전문점에서 나오는 길에 단골 바로 직행했다.

바에서 일할 당시 여러 번 마셔봤으나, 내 돈을 주고 마시는 '헤네시 X.O'는 처음이었다. 화이트 초콜릿, 은은한 나무, 말린 과일의 달콤하고 그윽한 풍미가 훌륭했으며, 숨을 내쉴 때마다 부드럽고 따뜻한 여운이 올라왔다. 역시 맛있구나. 하지만 마지막 한 방울을 입에 털어 넣으며 병으로 사지 않길 잘했다고 생각했다. 편안한 술은 편안한 마음으로 마셔야 제맛이지. 언젠가는 X.O 등급의 코냑도 편안하게 마실 날이 오려나? 분명 코냑은 나에게 휴식의 술이었는데. 그날의 코냑은 불투명한 미래에 대해 막연한 초조함만 더해주었다.

PART 3

리큐르 탐구

리큐르 탐구생활

칵테일이 한 편의 영화라고 가정했을 때 스피릿이 영화 속 주인공이라면 리큐르는 주연을 보조하고 빛내는 조연이라고 할 수 있습니다. 셀 수 없이 많은 종류의 재료가 술과 어우러져 만들어내는 다채로운 빛깔과 풍부한 향, 매력적인 감미까지. 각자만의 매력으로 주연을 돋보이게 하고 가끔은 스스로 주연이 되기까지 하는 술, 리큐르. 이번 장에서는 국내에서 만날 수 있는 다양한 리큐르에 대해 본격적으로 알아봅니다.

리큐르 Liqueur란?

증류주에 과일, 허브, 꽃, 설탕 등을 첨가해 만드는 술을 의미합니다. 여러 가지 재료가 혼합됐다고 해서 '혼성주'라고도 부릅니다. 국내 주세법에서는 리큐르를 '양조주, 증류주에 불휘발분(전체 용량에 포함된 휘발되지 않는 성분)이 2% 이상인 것'이라고 정의하고 있는데요. 이 책에서는 '증류주를 바탕으로 만든 리큐르'를 소개했습니다.

- **과일 리큐르** Fruit Liqueur

    달콤한 과육부터 향긋한 껍질, 오묘한 씨앗의 향미까지. 그냥 먹어도 맛있는 과일의 온갖 매력을 담아낸 술을 과일 리큐르라고 부릅니다. 세상에 존재하는 과일의 수만큼 과일 리큐르의 종류 역시 다양한데요. 오렌지, 체리, 복숭아 등으로 만든 리큐르의 인기가 높고 활용도도 좋습니다.

- **허브·향신료 리큐르** Herb·Spice Liqueur

    각종 허브와 식물의 뿌리, 향신료 등을 조합해 만든 술입니다. 허브, 향신료 리큐르는 약용의 용도로 개발된 경우가 대부분이며, 수십 종의 재료가 배합되기 때문에 레시피는 비밀인 경우가 많습니다. 달콤한 술부터 인상이 찌푸려질 만큼 쓴 술, 그냥 마셨을 땐 부담스럽지만 섞이는 순간 반전 매력을 발휘하는 술까지, 그 종류가 무척 다양합니다.

- **씨앗 리큐르** Seed Liqueur

    과일의 씨앗이나 열매, 견과류 등을 이용해 만드는 리큐르입니다. 이름만 보면 생소해 보이지만 일상에서 즐겨 먹는 아몬드부터 커피, 카카오, 코코넛, 호두, 헤이즐넛 등이 씨앗·견과·핵과 카테고리에 속합니다. 향과 맛이 진하고 대중적으로도 인기가 많아 칵테일뿐만 아니라 디저트에도 자주 사용됩니다.

- **기타 리큐르** ETC. Liqueur

    과일, 허브, 씨앗 카테고리에 속하지 않는, 특수한 재료를 이용해 만든 리큐르를 의미합니다. 계란, 크림이 특수 계열의 대표적인 재료인데요. 과거엔 불가능했던 동물성 성분과 알코올을 혼합하는 기술이 개발된 뒤로 만들어지기 시작했습니다.

‖ 애주가의 TMI ‖

리큐르는 알코올 도수가 20%에서 40%까지 무척 다양합니다. 40%가 넘는 리큐르는 직사광선만 피하면 장기간 두고 마실 수 있지만, 20%의 리큐르는 냉장 보관하거나 1년 이내에 마시는 것이 좋습니다.

리큐르 탐구 준비

리큐르 종류

체리 리큐르

리큐르명

MARASCHINO CHERRY
마라스키노 체리

#유명한데 #어려운_술 #호불호

리큐르 키워드

체리가 잔뜩 들어갔지만, 달콤 상큼한 체리의 맛을 기대했다간 큰코다치는 리큐르가 있습니다. 바로 마라스카 체리로 만드는 마라스키노 리큐르입니다. 앞서 소개했던 체리 리큐르는 브랜디나 주정에 체리 주스와 설탕을 혼합해 만들었죠. 하지만 마라스키노 리큐르는 체리로 만든 주스를 증류한 뒤 마지막에 설탕을 넣어 만듭니다. 설탕만 안 넣었다면 체리로 만든 증류주인 '키르슈'라고 불러도 손색없는 제품입니다.

가장 대표적인 제품은 룩사르도 마라스키노 리큐르입니다. 무색투명한 빛깔을 가지며, 선명한 알코올, 배, 훈연, 달콤한 향이 복합적으로 얽힌 향이 나죠. 맛을 보고 나서야 지나가는 은은한 체리와 아몬드 향으로 체리를 떠올릴 정도입니다. 가격대도 높고 다른 리큐르처럼 음료수를 섞어 마시기 좋은 리큐르는 아니지만, 유명한 칵테일에 빠지지 않고 들어가는 인지도 높은 리큐르입니다. 마티니의 원형이라고 불리는 '마르티네즈', '라스트 워드', '에비에이션' 등 이름난 칵테일을 만들고 싶은 분이라면 반드시 사야 하는 필수품이죠.

브랜드명, 알코올 도수, 가격대

룩사르도 마라스키노 리큐르, 32%, 6만원대

리큐르 색

설명

리큐르 탐구 파트는 대표적인 리큐르와 그것을 활용해 만들 수 있는 홈 칵테일 레시피로 이루어져 있습니다. 리큐르는 크게 과일·허브·씨앗류와 그 외 종류로 구분했으며, 하나의 리큐르에 세 가지씩 홈 칵테일 레시피를 소개했습니다.

사용하는 글라스, 제조 기법, 시음 시기별 분류

칵테일명

King's Jubilee 킹스 주빌리

#스파이시한 #달콤_상큼한 ← 칵테일 키워드

조각 얼음 | 화이트 럼 60ml | 마라스키노 리큐르 22.5ml | 레몬 주스 15ml ← 재료

마티니 글라스, 셰이킹, 올데이 칵테일

1. 셰이커에 얼음을 포함한 모든 재료를 넣는다.
2. 셰이커를 8~10초 흔들어 잘 섞는다. ← 레시피
3. 마티니 글라스에 따르면 끝!

난이도

Aviation 에비에이션

추천 ← 추천 칵테일 표시

#조화로운 #상큼한 #리프레시

조각 얼음 | 진 40ml | 마라스키노 리큐르 15ml | 레몬 주스 15ml
마라스키노 체리 한 개

마티니 글라스, 셰이킹, 올데이 칵테일

1. 셰이커에 얼음을 포함한 모든 재료를 넣는다.
2. 셰이커를 8~10초 흔들어 잘 섞는다.
3. 마티니 글라스에 따른다.
4. 마라스키노 체리를 넣어 장식하면 끝!

TIP ‖ 다양한 에비에이션 레시피 중 가장 접근성이 높은 ← 레시피 팁
'라루스 칵테일 북'의 레시피다.

Colonial 콜로니얼

#달콤한 #쌉쌀한 #오묘한

조각 얼음 | 진 40ml | 마라스키노 리큐르 10ml | 자몽 주스 20ml

마티니 글라스, 셰이킹, 올데이 칵테일

1. 셰이커에 얼음을 포함한 모든 재료를 넣는다.
2. 셰이커를 8~10초 흔들어 잘 섞는다.
3. 마티니 글라스에 따르면 끝!

오렌지 리큐르: 화이트 큐라소

COINTREAU
쿠앵트로

#오렌지사탕 #고도수 #최고의_활용도

쿠앵트로, 40%, 3만원대

수많은 오렌지 리큐르 중 가장 유명한 제품입니다. 멀리서도 알아보기 쉬운 짧뚱하고 귀여운 리큐르죠. 병을 열어보면 생각보다 향이 강하지 않은데, 마시는 순간 달콤한 오렌지 사탕 향이 입안 가득 차오르는 즐거운 반전을 느낄 수 있는 리큐르입니다. 맛의 균형이 좋아 얼음과 함께 디저트처럼 즐길 수도 있지만, 40%라는 박력 넘치는 알코올 도수를 가지고 있어 칵테일로 만들어 마시길 더 추천합니다.

투명한 오렌지 리큐르는 화이트 큐라소 White Curacao, 트리플 섹 Triple Sec 등 부르는 명칭이 다양해 입문자를 혼란스럽게 만들곤 하는데요. 쿠앵트로 외의 투명한 오렌지 리큐르를 트리플 섹이라고 부릅니다. 여기엔 사연이 있습니다. 1875년 쿠앵트로 사가 기존 오렌지 리큐르에서 단맛을 줄이고 알코올 도수를 높인 술을 '트리플 섹'이라고 출시합니다. 이 제품이 인기를 끌자, 너도나도 트리플 섹이라는 이름을 사용했습니다. 원조 트리플 섹을 만들었던 쿠앵트로 사가 타사와 구분을 위해 자사의 제품을 '쿠앵트로'로 바꾸게 되면서 지금처럼 다양한 명칭이 생겨나게 된 것이죠.

Cointreau Fizz 쿠앵트로 피즈

#상큼한 #리프레시 #데일리_칵테일

조각 얼음 | 화이트 큐라소 50ml | 라임 주스 20ml | 탄산수 100ml

하이볼 글라스, 빌드, 올데이 칵테일

1. 하이볼 글라스에 탄산수를 제외한 모든 재료를 넣는다.
2. 단산수를 채우고 바 스푼으로 가볍게 저으면 끝!

Balalaika 발랄라이카

#상큼한 #고도수

조각 얼음 | 보드카 40ml | 화이트 큐라소 20ml | 레몬 주스 20ml | 레몬 필

마티니 글라스, 셰이킹, 올데이 칵테일

1. 셰이커에 레몬 필을 제외한 모든 재료(얼음 포함)를 넣는다.
2. 셰이커를 8~10초 흔들어 잘 섞는다.
3. 마티니 글라스에 따른다.
4. 레몬 필을 잔 위에서 비틀어 향을 입힌 뒤 장식하면 끝!

TIP ‖ 보드카를 진으로 바꾸면 '화이트 레이디(White Lady)'가, 화이트 럼으로 바꾸면 '엑스와이지(X.Y.Z)'가 된다.

Cosmopolitan 코스모폴리탄

#상큼한 #섹스_앤_더_시티 #프루티한

조각 얼음 | 보드카 20ml | 화이트 큐라소 20ml
크랜베리 주스 30ml | 라임 주스 10ml | 라임 필

마티니 글라스, 셰이킹, 올데이 칵테일

1. 셰이커에 라임 필을 제외한 모든 재료(얼음 포함)를 넣는다.
2. 셰이커를 8~10초 흔들어 잘 섞는다.
3. 마티니 글라스에 따른다.
4. 라임 필을 잔 위에서 비틀어 향을 입힌 뒤 장식하면 끝!

BOLS BLUE CURACAO
볼스 블루 큐라소

#보기만_해도_시원한 #알록달록 #예쁜_술

'마셔도 되나?' 진지하게 고민될 정도로 선명한 파란빛으로 유명한 리큐르입니다. 화이트 큐라소에서 알코올 도수를 낮추고 식용 색소를 넣어 만들죠. 특유의 쨍한 파란색 덕분에 인기가 많아 여러 리큐르 브랜드에서 생산하고 있습니다. 가장 처음 블루 큐라소를 만든 브랜드는 볼링공을 닮은 병 디자인으로 알려진 네덜란드의 '볼스'사 입니다.

볼스 블루 큐라소의 향은 깔끔하고 선명한 오렌지 향이 나며, 맛 역시 향과 비슷한 결의 달콤한 오렌지 향이 납니다. 쿠앵트로나 다른 오렌지 리큐르에 비하면 알코올 도수가 낮아 마시기 편한 술이기도 합니다. 파란색을 내는 모든 칵테일에 들어가는 재료인 만큼 나만의 칵테일 팔레트를 늘리고 싶다면 꼭 갖춰두길 추천합니다.

볼스 블루 큐라소, 21%, 1만원 후반

Blue Lagoon 블루 라군

#상큼한 #리프레시 #눈까지_청량한

조각 얼음 | 보드카 40ml | 블루 큐라소 15ml | 레몬 주스 15ml

마티니 글라스, 셰이킹, 올데이 칵테일

1. 셰이커에 얼음을 포함한 모든 재료를 넣는다.
2. 셰이커를 8~10초 흔들어 잘 섞는다.
3. 마티니 글라스에 따르면 끝!

Blue Hawaii 블루 하와이

#열대느낌_물씬 #상큼한 #여름_칵테일

조각 얼음 | 으깬 얼음 | 화이트 럼 30ml | 블루 큐라소 15ml
파인애플 주스 30ml | 레몬 주스 15ml

필스너 글라스, 셰이킹, 올데이 칵테일

1. 셰이커에 으깬 얼음을 제외한 모든 재료를 넣는다.
2. 셰이커를 8~10초 흔들어 잘 섞는다.
3. 필스너 글라스에 으깬 얼음을 가득 채운다.
4. 얼음을 채운 글라스에 음료를 따르면 끝!

추천

Sky Diving 스카이 다이빙

#달콤_상큼 #눈까지_청량한 #리프레시

조각 얼음 | 화이트 럼 35ml | 블루 큐라소 25ml | 라임 주스 15ml

마티니 글라스, 셰이킹, 올데이 칵테일

1. 셰이커에 얼음을 포함한 모든 재료를 넣는다.
2. 셰이커를 8~10초 흔들어 잘 섞는다.
3. 마티니 글라스에 따르면 끝!

오렌지 리큐르

GRAND MARNIER CORDON ROUGE
그랑 마니에르 코르동 루즈

#화려한_맛과_향 #고급스러운 #강한_존재감

다양한 오렌지 리큐르 중 가장 고급으로 인정받는 리큐르입니다. 증류기를 닮은 독특한 외관, 붉은 리본에 찍힌 밀랍 인장 등 외관만 봐도 고급스러움이 물씬 느껴지죠. 일반적인 오렌지 리큐르는 주정에 오렌지 필을 담가 향을 입혀 만듭니다. 하지만 그랑 마니에르는 코냑에 오렌지 향을 입힌 뒤, 오크통에서 6개월 동안 숙성하는 방식으로 만듭니다.

코를 갖다 대면 오렌지 향을 베이스로 허브, 바닐라, 오크의 향이 복합적으로 올라옵니다. 한 모금 마시면 코에서 느꼈던 향이 파도처럼 훅 몰아치죠. 그리곤 언제 그랬냐는 듯 씁쓸하고 화한 여운을 남기며 부드럽게 사라져버립니다. 화이트 큐라소와 비교하면 같은 오렌지 리큐르라는 게 신기할 정도로 다채로운 향을 가졌습니다. 확실한 존재감만큼, 칵테일에 섞여도 특유의 캐릭터가 도드라지니 홈 바에 들일 계획이라면 꼭 시음하고 구입하길 추천합니다.

- 그랑 마니에르 꼬르동 루즈, 40%, 5만원 후반~6만원대

Grand Old Fashioned 그랑 올드 패션드

#우아한_단맛 #감미로운 #고도수

조각 얼음 | 버번 위스키 30ml | 그랑 마니에르 30ml
앙고스투라 비터 3dash | 오렌지 필

온더락 글라스, 빌드, 식후주

1. 온더락 글라스에 오렌지 필을 뺀 모든 재료를 넣는다.
2. 바 스푼으로 충분히 저어 섞는다.
3. 오렌지 필을 잔 위에서 비틀어 향을 입힌 뒤 넣으면 끝!

Grand Marnier Margarita

그랑 마니에르 마가리타

#상큼_짜릿한 #고도수

조각 얼음 | 테킬라 30ml | 그랑 마니에르 30ml | 레몬 주스 20ml

마티니 글라스, 셰이킹, 올데이 칵테일

1. 셰이커에 얼음을 포함한 모든 재료를 넣는다.
2. 셰이커를 8~10초 흔들어 잘 섞는다.
3. 마티니 글라스에 따르면 끝!

Red Lion 레드 라이언

#프루티한 #마시기_편한 #리프레시

조각 얼음 | 진 30ml | 그랑 마니에르 10ml | 오렌지 주스 20ml
레몬 주스 5ml

마티니 글라스, 셰이킹, 올데이 칵테일

1. 셰이커에 얼음을 포함한 모든 재료를 넣는다.
2. 셰이커를 8~10초 흔들어 잘 섞는다.
3. 마티니 글라스에 따르면 끝!

체리 리큐르

CHERRY HEERING
체리 히어링

#진한_달콤함 #버번과_찰떡궁합 #절인_체리

체리는 수많은 바텐더들에게 사랑받는 재료입니다. 다양한 칵테일에 맛과 멋을 더해주는 장식으로, 또는 달콤한 리큐르로 만들어져 널리 사용되고 있죠. 체리 리큐르는 체리 브랜디라고 불리기도 합니다. 이는 대부분의 브랜드에서 주정이 아닌 포도 증류주, 브랜디에 체리를 넣어 술을 만들기 때문입니다. 명칭은 다르지만 '체리 브랜디=체리 리큐르'라고 이해하면 됩니다. 이와 구분하기 위해 많은 칵테일 서적에선 체리 증류주를 '키르슈 Kirsch'로 대체해 표기하곤 합니다.

가장 유명한 제품은 200년 역사를 가진 덴마크의 체리 히어링입니다. 체리를 돌로 으깨는 방식으로 과육의 진한 맛과 향을 담아, 3년 동안 숙성시켜 제조하는 완성도 높은 리큐르입니다. 진한 색감과 체리 절임 같은 달콤한 향, 걸쭉한 질감이 특징이죠. 리큐르를 제조할 때 체리 씨도 함께 넣어 은은한 아몬드 향이 느껴집니다. 향이 풍부해 디저트 만들 때도 자주 사용되니, 베이킹과 술을 모두 즐기는 분에게 추천합니다. 마라스키노 체리 절임도 같이 구비해두면 칵테일 만들 때 유용하게 쓰입니다.

체리 히어링, 24%, 4만원대

Hunter 헌터

#터프한 #고도수 #조화로운

조각 얼음 | 라이 위스키 45ml | 체리 브랜디 15ml
마라스키노 체리 한 개(옵션)

마티니 글라스, 스터, 식후주

1. 믹싱 글라스에 체리를 제외한 모든 재료를 넣는다.
2. 바 스푼을 저어서 잘 섞은 뒤 마티니 글라스에 따른다.
3. 체리로 장식하면 끝!

Red Russian 레드 러시안

#달콤한 #고도수 #심플한

조각 얼음 | 보드카 40ml | 체리 브랜디 20ml
마라스키노 체리 한 개(옵션)

온더락 글라스, 빌드, 올데이 칵테일

1. 온더락 글라스에 얼음을 포함한 모든 재료를 넣는다.
2. 바 스푼을 저어서 잘 섞은 뒤 체리로 장식하면 끝!

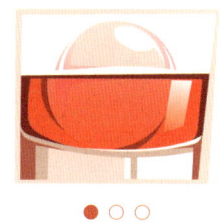

Singapore Sling 싱가포르 슬링

#상큼한 #프루티한 #리프레시

조각 얼음 | 드라이 진 45ml | 체리 브랜디 25ml | 레몬 주스 20ml
탄산수 60ml | 마라스키노 체리 한 개(옵션) | 레몬 한 조각(옵션)

하이볼 글라스, 셰이킹+빌드, 올데이 칵테일

1. 셰이커에 얼음, 드라이 진, 체리 브랜디, 레몬 주스를 넣는다.
2. 셰이커를 8~10초 흔들어 잘 섞는다.
3. 하이볼 글라스에 따른다.
4. 탄산수를 잔 위까지 채우고 바 스푼으로 가볍게 젓는다.
5. 체리와 레몬으로 장식하면 끝!

체리 리큐르

룩사르도 마라스키노 리큐르, 32%, 6만원대

MARASCHINO CHERRY
마라스키노 체리

#유명한데 #어려운_술 #호불호

체리가 잔뜩 들어갔지만, 달콤 상큼한 체리의 맛을 기대했다간 큰코다치는 리큐르가 있습니다. 바로 마라스카 체리로 만드는 마라스키노 리큐르입니다. 앞서 소개했던 체리 리큐르는 브랜디나 주정에 체리 주스와 설탕을 혼합해 만들었죠. 하지만 마라스키노 리큐르는 체리로 만든 주스를 증류한 뒤 마지막에 설탕을 넣어 만듭니다. 설탕만 안 넣었다면 체리로 만든 증류주인 '키르슈'라고 불러도 손색없는 제품입니다.

가장 대표적인 제품은 룩사르도 마라스키노 리큐르입니다. 무색투명한 빛깔을 가지며, 선명한 알코올, 배, 훈연, 달콤한 향이 복합적으로 얽힌 향이 나죠. 맛을 보고 나서야 지나가는 은은한 체리와 아몬드 향으로 체리를 떠올릴 정도입니다. 가격대도 높고 다른 리큐르처럼 음료수를 섞어 마시기 좋은 리큐르는 아니지만, 유명한 칵테일에 빠지지 않고 들어가는 인지도 높은 리큐르입니다. 마티니의 원형이라고 불리는 '마르티네즈', '라스트 워드', '에비에이션' 등 이름난 칵테일을 만들고 싶은 분이라면 반드시 사야 하는 필수품이죠.

King's Jubilee 킹스 주빌리

#스파이시한 #달콤_상큼한

조각 얼음 | 화이트 럼 60ml | 마라스키노 리큐르 22.5ml | 레몬 주스 15ml

마티니 글라스, 셰이킹, 올데이 칵테일

1. 셰이커에 얼음을 포함한 모든 재료를 넣는다.
2. 셰이커를 8~10초 흔들어 잘 섞는다.
3. 마티니 글라스에 따르면 끝!

Aviation 에비에이션

#조화로운 #상큼한 #리프레시

조각 얼음 | 진 40ml | 마라스키노 리큐르 15ml | 레몬 주스 15ml
마라스키노 체리 한 개

추천

마티니 글라스, 셰이킹, 올데이 칵테일

1. 셰이커에 얼음을 포함한 모든 재료를 넣는다.
2. 셰이커를 8~10초 흔들어 잘 섞는다.
3. 마티니 글라스에 따른다.
4. 마라스키노 체리를 넣어 장식하면 끝!

TIP ‖ 다양한 에비에이션 레시피 중 가장 접근성이 높은
'라루스 칵테일 북'의 레시피다.

Colonial 콜로니얼

#달콤한 #쌉쌀한 #오묘한

조각 얼음 | 진 40ml | 마라스키노 리큐르 10ml | 자몽 주스 20ml

마티니 글라스, 셰이킹, 올데이 칵테일

1. 셰이커에 얼음을 포함한 모든 재료를 넣는다.
2. 셰이커를 8~10초 흔들어 잘 섞는다.
3. 마티니 글라스에 따르면 끝!

복숭아 리큐르

PEACHTREE
피치트리

#주스_같은 #높은_활용도 #여름_리큐르

맛보다 이름으로 더 유명한 칵테일 '섹스 온 더 비치'에 꼭 들어가는 재료로, 달콤하고 신선한 복숭아 향을 한가득 담고 있는 리큐르입니다. 가장 대표적인 제품은 '디카이퍼'에서 만드는 피치트리라는 제품입니다. 1984년, 처음 등장해 10개월 만에 천삼백만 병이 팔릴 정도로 큰 인기를 끌었습니다. 기존에 없던 복숭아 리큐르라는 새 장르를 연 주인공이라고 할 수 있죠.

복숭아 음료 '2% 부족할 때'의 시럽 버전처럼 달콤하고 잘 익은 복숭아 향이 나는데, 맛 역시 향과 비슷한 결의 새콤달콤한 맛이 납니다. 그냥 마시기엔 달콤한 편이라 탄산수를 섞어 아이스티처럼 마시기에 좋습니다. 오렌지 주스, 크랜베리 주스, 자몽 주스 등 대부분의 주스류와 훌륭한 궁합을 자랑해 여름철 편하게 섞어 마시기 좋은 리큐르입니다. 평소 KGB나 술맛 나지 않는 술(?)을 좋아한다면 꼭 한 병 들여놓길 강력 추천합니다!

디카이퍼 피치트리, 20%, 2~3만원대

Fuzzy Navel 퍼지 네이블

#편안한 #리프레시 #상큼한

조각 얼음 | 복숭아 리큐르 40ml | 오렌지 주스 140ml

하이볼 글라스, 빌드, 올데이 칵테일

1. 하이볼 글라스에 얼음을 채우고 복숭아 리큐르를 넣는다.
2. 오렌지 주스를 잔 위까지 채운다.
3. 바 스푼으로 가볍게 저으면 끝!

Woo Woo 우 우

#새콤달콤한 #상큼한 #리프레시

조각 얼음 | 보드카 40ml | 복숭아 리큐르 20ml | 크랜베리 주스 120ml
라임 한 조각

하이볼 글라스, 빌드, 올데이 칵테일

1. 하이볼 글라스에 얼음을 채우고 모든 재료를 넣는다.
2. 바 스푼으로 잘 저어준 뒤 라임 한 조각으로 장식하면 끝!

Sex On The Beach 섹스 온 더 비치

#가볍고_상큼한 #드링커블한 #데일리_칵테일

조각 얼음 | 보드카 40ml | 복숭아 리큐르 20ml | 오렌지 주스 60ml
크랜베리 주스 60ml

하이볼 글라스, 셰이킹, 올데이 칵테일

1. 셰이커에 얼음을 포함한 모든 재료를 넣는다.
2. 셰이커를 8~10초 흔들어 잘 섞는다.
3. 얼음을 채운 하이볼 글라스에 따르면 끝!

레몬 리큐르

PALLINI LIMONCELLO
팔리니 리몬첼로

#레모나 #예상보다_시지_않은 #이탈리아_특산품

팔리니 리몬첼로, 26%, 3만원대

다양한 칵테일에 상큼한 신맛으로 균형을 맞춰주는 레몬은 바에서 가장 많이 사용되는 과일이 아닐까 싶습니다. 대부분의 술에 잘 어울리는 과일인 만큼 리큐르로도 만들어집니다. 레몬으로 만드는 리큐르는 리몬첼로라고 부르며, 주로 이탈리아에서 생산됩니다. 레몬 껍질을 술에 담가 향을 입힌 뒤 설탕을 첨가하는 방식으로 만듭니다.

리몬첼로의 샛노란 외관을 보면 레몬의 신맛이 반사적으로 떠올라 무척 시큼한 술로 생각하기 쉽습니다. 하지만 막상 맛은 '레모나'를 술에 탄 것 같은 달콤한 맛이 주를 이루고, 신맛은 입맛을 돋우는 정도로만 느껴지죠. 스트레이트로 마셔도 손색없습니다. 레몬 필을 우려내서인지 약간의 쌉싸름함도 함께 느껴집니다. 단맛이 텁텁하게 남지 않고 깔끔하게 똑 떨어져 자꾸만 손이 가는 매력적인 리큐르입니다. 생 레몬만큼 칵테일에 많이 쓰이진 않지만, 콜라나 크랜베리 주스, 토닉 워터 같은 음료만 더해도 맛있게 즐길 수 있는 쉬운 리큐르죠. 상큼한 후식 같은 술이 필요한 분이라면 꼭 갖춰두세요. 아참, 소주에 섞어 폭탄주로도 잘 어울린답니다.

166

Limoncello Martini 리몬첼로 마티니

#새콤달콤한 #리프레시 #상큼한

조각 얼음 | 보드카 45ml | 리몬첼로 45ml | 레몬 주스 30ml | 레몬 필

마티니 글라스, 셰이킹, 올데이 칵테일

1. 셰이커에 레몬 필을 제외한 모든 재료(얼음 포함)를 넣는다.
2. 셰이커를 8~10초 흔들어 잘 섞는다.
3. 마티니 글라스에 따른다.
4. 레몬 필을 잔 위에서 비틀어 향을 입힌 뒤 장식하면 끝!

Navigator 내비게이터

#새콤달콤한 #리프레시

조각 얼음 | 진 60ml | 리몬첼로 22.5ml | 자몽 주스 40ml

쿠프 글라스, 셰이킹, 올데이 칵테일

1. 셰이커에 얼음을 포함한 모든 재료를 넣는다.
2. 셰이커를 8~10초 흔들어 잘 섞는다.
3. 쿠프 글라스에 따르면 끝!

Pallini Lemon Bitter 팔리니 레몬 비터

#달콤한 #리프레시 #데일리_칵테일

레몬 1/4개 | 조각 얼음 | 리몬첼로 45ml | 앙고스투라 비터 2dash(한 번 툭 치는 양) | 토닉 워터 100ml

하이볼 글라스, 셰이킹, 올데이 칵테일

1. 셰이커에 얼음을 포함한 모든 재료를 넣는다.
2. 셰이커를 8~10초 흔들어 잘 섞는다.
3. 얼음을 채운 하이볼 글라스에 따르면 끝!

멜론 리큐르

미도리, 20%, 3만원대

MIDORI
미도리

#멜론젤리 #오돌토돌 #색깔내기_최고

멜론 젤리 같은 달콤한 향과 맛, 선명한 형광 초록색 덕분에 인기가 높은 리큐르입니다. 처음 만들어진 멜론 리큐르이자, 대표적인 제품은 일본 '산토리'사에서 생산하는 미도리입니다. 영어 상표가 대부분인 리큐르 세계에서 유독 귀에 걸리는 이름, 미도리는 일본어로 '녹색'이란 뜻입니다. 멜론의 오돌토돌한 질감을 그대로 살린 병에 담겨 이름처럼 선명한 초록색으로 비치는 것이 특징이죠. 미도리가 워낙 유명한 탓에 '멜론 리큐르=미도리'라고 생각하는 경우도 있습니다. 하지만 디카이퍼, 볼스 등 다른 리큐르 브랜드에서도 멜론 리큐르를 만들고 있습니다.

미도리는 멜론 맛 젤리 같은 달짝지근하고 불량 식품처럼 약간은 인공적인 향이 특징입니다. 맛 역시 멜론 젤리를 액체로 마시는 것 같은 느낌이라, 실제 멜론 향을 떠올린다면 약간 아쉬울 수도 있습니다. 물론 취향만 맞다면 달콤한데다가 색깔까지 예쁘니, 두 배로 맛있게 마실 수 있겠죠? 평소 과일 맛 칵테일을 좋아하고, 색깔이 알록달록 예쁜 칵테일을 선호한다면 블루 큐라소와 함께 강력 추천하는 리큐르입니다.

Midori Pineapple 미도리 파인애플

#새콤달콤한 #디저트_칵테일

조각 얼음 | 미도리 30ml | 파인애플 주스 60ml | 파인애플 한 조각(옵션)

온더락 글라스, 빌드, 식후주

1. 온더락 글라스에 얼음을 포함한 모든 재료를 넣는다.
2. 바 스푼으로 가볍게 섞는다.
3. 파인애플로 장식하면 끝!

Japanese Gin Tonic 재패니즈 진 토닉

#달콤한 #심플한 #데일리칵테일

조각 얼음 | 진 30ml | 미도리 15ml | 토닉 워터 60ml | 레몬 한 조각(옵션)

온더락 글라스, 빌드, 올데이 칵테일

1. 온더락 글라스에 레몬을 제외한 모든 재료를 넣는다.
2. 바 스푼으로 가볍게 섞는다.
3. 레몬 한 조각을 넣어 장식하면 끝!

Midori Margarita 미도리 마가리타

#푸릇푸릇한 #상큼한 #리프레시

조각 얼음 | 테킬라 45ml | 미도리 30ml | 라임 주스 22.5ml
라임 한 조각 | 가는소금

마티니 글라스, 셰이킹, 올데이 칵테일

1. 평평한 접시에 가는소금을 적당량 뿌린 뒤, 가장자리에 물기를 묻힌 마티니 글라스를 뒤집어 소금을 묻힌다.
2. 셰이커에 얼음, 테킬라, 멜론 리큐르, 라임 주스를 넣는다.
3. 셰이커를 8~10초 흔들어 잘 섞는다.
4. 마티니 글라스에 따른 뒤 라임으로 장식하면 끝!

살구 리큐르

APRICOT BRANDY
애프리콧 브랜디

#의외의_매력 #복합적인_향 #아몬드향

디카이퍼 에프리콧 브랜디, 20%, 2만원대

일상적으로 자주 먹는 과일은 아니지만 제철 별미로 찾는 향긋하고 달콤한 과일, 바로 살구입니다. 침샘을 자극하는 달콤한 살구의 향을 담은 리큐르를 애프리콧 브랜디라고 부릅니다. 애프리콧 브랜디는 주정에 설탕, 브랜디, 살구 증류액, 살구 향 등을 섞어 만듭니다. 살구 과육의 달콤한 향과 씨앗이 만들어내는 향긋하면서도 오묘한 아몬드 향의 조화가 절묘하죠. 그래서 음료에 섞이면 복합적인 맛을 더하며 맛을 훌륭하게 해줍니다.

자주 즐기는 과일이 아니다 보니 칵테일에 잘 안 쓰일 거라 생각하기 쉬운데, 의외로 다양한 칵테일에 쓰입니다. 집에서 편하게 즐길 땐 오렌지 주스나 파인애플 주스 등 각종 과일 주스와, 칵테일로 제조할 땐 진과 잘 어울립니다. 제철 상관없이 살구를 즐기고 싶거나, 평소 아몬드 리큐르인 아마레또를 좋아하는 분이라면 애프리콧 리큐르 역시 맛있게 즐길 수 있을 거예요.

Apricot Cocktail 애프리콧 칵테일

#진한_달콤함 #프루티한

조각 얼음 | 진 1tsp | 애프리콧 브랜디 40ml | 오렌지 주스 20ml
레몬 주스 20ml

마티니 글라스, 셰이킹, 올데이 칵테일

1. 셰이커에 얼음을 포함한 모든 재료를 넣는다.
2. 셰이커를 8~10초 흔들어 잘 섞는다.
3. 마티니 글라스에 따르면 끝!

Paradise 파라다이스

#프루티한 #상큼_달콤한

조각 얼음 | 진 40ml | 애프리콧 브랜디 20ml | 오렌지 주스 20ml

마티니 글라스, 셰이킹, 올데이 칵테일

1. 셰이커에 얼음을 포함한 모든 재료를 넣는다.
2. 셰이커를 8~10초 흔들어 잘 섞는다.
3. 마티니 글라스에 따르면 끝!

Apricot Fizz 애프리콧 피즈

#짜릿한_상큼함 #리프레시

조각 얼음 | 애프리콧 브랜디 60ml | 오렌지 주스 30ml | 라임 주스 15ml
탄산수 80~90ml

하이볼 글라스, 셰이킹+빌드, 올데이 칵테일

1. 셰이커에 탄산수를 제외한 모든 재료를 넣는다.
2. 셰이커를 8~10초 흔들어 잘 섞는다.
3. 하이볼 글라스에 얼음을 채운 뒤, 음료를 따른다.
4. 탄산수를 잔 위까지 채운 뒤, 바 스푼으로 가볍게 저으면 끝!

허브 리큐르

GALLIANO
갈리아노

#아니스향 #극악의_활용도 #몽둥이

갈리아노, 42.3%, 4만 원 후반~5만 원대

유독 큰 키와 독특한 병 모양으로 맛보다 외관에 더 관심이 쏠리는 리큐르가 있습니다. 바로 갈리아노입니다. 바닐라, 민트, 라벤더, 시나몬 등 40종 이상의 허브, 향신료, 식물 추출물의 엑기스를 블렌딩해 만든 이탈리아의 리큐르죠. 기다란 삼각형의 병 디자인은 고대 로마 신전에서 영감을 받은 것이라고 합니다.

달달한 바닐라 향을 베이스로, 선명한 아니스(감초)를 비롯해 여러 허브의 복합적인 풍미가 어우러진 것이 특징입니다. 끈적한 단맛과 허브의 스파이시한 풍미가 강해 그냥 마시는 경우는 많지 않습니다. 주로 디저트처럼 얼음과 함께 식후주로 마시거나 칵테일의 색을 낼 때 사용하죠. 취향을 굉장히 많이 타다 보니, 아니스 계열의 향을 좋아하거나 도둑이 들 때를 대비한 호신용 술이 필요한 분에게 추천합니다.

Harvey Wallbanger 하비 월뱅어

#의외의_꿀조합 #상큼한 #리프레시

조각 얼음 | 보드카 30ml | 갈리아노 10ml | 오렌지 주스120ml

하이볼 글라스, 빌드, 올데이 칵테일

1. 하이볼 글라스에 얼음을 넣고 보드카와 오렌지 주스를 채운다.
2. 바 스푼을 이용해 가볍게 섞는다.
3. 갈리아노를 띄우듯이 따르면 끝!

Golden Cadillac 골든 캐딜락

#초콜릿 #크리미 #허브향

조각 얼음 | 갈리아노 20ml | 크렘 드 카카오 20ml | 생크림 20ml

마티니 글라스, 셰이킹, 식후주

1. 셰이커에 얼음, 갈리아노, 크렘 드 카카오 화이트, 생크림을 넣는다.
2. 셰이커를 8~10초 강하게 흔들어 섞는다.
3. 마티니 글라스에 따르면 끝!

TIP ‖ 생크림은 잘 섞이지 않으니 강하게 셰이킹해야 한다.

Yellow Bird 옐로 버드

#조화로운 #프루티한

조각 얼음 | 화이트 럼 40ml | 오렌지 리큐르(화이트) 10ml
갈리아노 10ml | 레몬 주스 10ml

마티니 글라스, 셰이킹, 올데이 칵테일

1. 셰이커에 얼음을 포함한 모든 재료를 넣는다.
2. 셰이커를 8~10초 흔들어 잘 섞는다.
3. 마티니 글라스에 따르면 끝!

허브 리큐르

BENEDICTIN
베네딕틴

#복합적인_달콤함 #꼬냑의_절친 #온화한_향

스물일곱 가지 허브와 향신료를 배합해 만든, 리큐르 중 가장 오랜 역사를 가진 리큐르입니다. 1510년, 중세 프랑스의 수도사가 처음 개발했죠. 1863년에 상업적으로 판매되기 시작하면서 현재까지 세계적인 인기를 끌고 있습니다. 수도사가 처음 만든 술답게 라벨 한가운데 D.O.M(Deo Optimo Maximo, 전지전능한 신에게)이라는 신에게 바치는 기도가 적혀있는 것이 특징입니다.

한 모금 마셔보면 달콤한 꿀과 오렌지, 시나몬 캐릭터가 도드라지며, 복합적인 허브 향도 함께 느껴집니다. 알코올 도수가 꽤 높고 시럽같이 묵직한 질감에 단맛이 강해, 얼음을 넣어 천천히 즐기기 좋은 리큐르입니다. 향이 좋아 따뜻한 물과 함께 섞으면 향긋하게 몸을 덥혀주는 느낌이 들고, 토닉 워터와도 잘 어울립니다. 섞어 마실 땐 위스키나 브랜디 같은, 향이 풍부한 술과 잘 어울립니다. 시나몬, 꿀, 매끄러운 질감 덕에 왠지 모르게 겨울이 생각나기도 합니다.

● 베네딕틴, 40%, 7~8만원대

Bene & Hot 베네 앤 핫

#편안한 #따뜻한 #겨울_칵테일

따뜻한 물 100ml | 베네딕틴 20ml | 레몬 한 조각

내열 글라스, 빌드, 올데이 칵테일

1. 내열 글라스에 베네딕틴과 따뜻한 물을 넣는다.
2. 레몬 한 조각으로 장식해준다.
3. 취향에 따라 시나몬 스틱 등을 꽂아주면 끝!

B & B 비 앤 비

#감미로운 #고도수 #복합적인

조각 얼음 | 브랜디(코냑) 40ml | 베네딕틴 20ml

브랜디 글라스, 빌드, 식후주

1. 브랜디 글라스에 얼음을 포함한 모든 재료를 넣는다.
2. 가볍게 저으면 끝!

TIP ‖ 코냑 대신 동량의 버번 위스키를 넣으면 달콤한 버번 향이 더해진 매력적인 칵테일 '켄터키 콜로넬Kentucky Colonel'이 된다.

Frisco 프리스코

#고도수 #매력적인_여운

조각 얼음 | 버번 위스키 40ml | 베네딕틴 10ml | 레몬 주스 20ml

마티니 글라스, 셰이킹, 올데이 칵테일

1. 셰이커에 얼음을 포함한 모든 재료를 넣는다.
2. 셰이커를 8~10초 흔들어 잘 섞는다.
3. 마티니 글라스에 따르면 끝!

허브 리큐르

CHARTREUSE GREEN
샤르트뢰즈 그린

#푸릇푸릇한 #엄청난_고도수 #그래도_맛있어

1605년, 고대 약용 레시피를 전해 받은 프랑스 샤르트뢰즈 신부들의 오랜 연구 개발로 만들어진 역사 깊은 리큐르입니다. 약용으로 만들었으나 음료로도 인기가 많아 여러 버전의 술로 개량, 발전해 지금까지 사랑받고 있습니다. 투명한 연둣빛에 알코올 도수 55%의 샤르트뢰즈 그린, 부드럽고 달콤한 맛을 살린 알코올 도수 40%의 샤르트뢰즈 옐로가 대표적입니다. 샤르트뢰즈는 천연 재료만을 이용해 술의 색을 내는 것으로도 유명합니다. '샤르트뢰즈 그린'이라는 컬러 칩(팬톤 컬러)이 있을 정도죠. 130여 종에 달하는 허브, 꽃, 향신료와 설탕을 넣어 만드는 샤르트뢰즈 그린은 레시피가 철저히 비밀로 부쳐져 있습니다. 단 두 명의 신부만이 제조법을 알고 있다고 합니다.

화사하고 상쾌한 향이 매력적인 샤르트뢰즈 그린은 얼려서 스트레이트로 마시거나, 얼음을 넣어 식후주로 즐기면 좋습니다. 알코올 도수가 높아 토닉워터를 섞어 마시는 것도 훌륭합니다. 특유의 색감을 살린 '그린 알래스카'나 푸릇푸릇하고 상큼한 맛의 '스프링 필링'을 통해 매력을 곱절로 느낄 수 있습니다.

샤르트뢰즈 그린, 55%, 7만원대

Chartreuse Tonic 샤르트뢰즈 토닉

#심플한 #달콤한 #허브_향

조각 얼음 | 샤르트뢰즈 그린 45ml | 토닉 워터 120ml

하이볼 글라스, 빌드, 올데이 칵테일

1. 하이볼 글라스에 얼음을 채우고 샤르트뢰즈 넣는다.
2. 잔 위까지 토닉 워터를 채운다.
3. 바 스푼으로 가볍게 저으면 끝!

Spring Feeling 스프링 필링

#산뜻한 #코_끝에_봄바람

조각 얼음 | 진 40ml | 샤르트뢰즈 그린 10ml | 레몬 주스 20ml

마티니 글라스, 셰이킹, 올데이 칵테일

1. 셰이커에 얼음을 포함한 모든 재료를 넣는다.
2. 셰이커를 8~10초 흔들어 잘 섞는다.
3. 마티니 글라스에 따르면 끝!

Green Alaska 그린 알래스카

#청량한 #달콤한 #풍성한_허브향

조각 얼음 | 진 60ml | 샤르트뢰즈 그린 20ml

마티니 글라스, 셰이킹, 올데이 칵테일

1. 셰이커에 얼음을 포함한 모든 재료를 넣는다.
2. 셰이커를 8~10초 흔들어 잘 섞는다.
3. 마티니 글라스에 따르면 끝!

허브 리큐르

JAGERMEISTER
예거마이스터

#클럽의_아이콘 #무조건_차갑게

예거마이스터, 35%, 3만원대

리큐르라는 술의 장르를 몰라도, 클럽을 좋아하는 분이라면 절대 모를 수 없는 술이 아닐까 싶습니다. 생강, 계피, 코리앤더 씨드(고수 씨앗), 오렌지 필 등 56종의 허브와 과일, 향신료가 들어간 화려하고 달콤한 맛과 향을 가진 리큐르입니다. 리큐르의 시작이 대부분 그렇듯, 예거마이스터도 처음엔 약용으로 개발됐습니다. 그런데 아이러니하게도 현재는 클럽의 아이콘이 된 재밌는 술이죠.

감귤류의 상큼한 향과 생강, 계피 등 여러 재료가 복합적으로 어우러진 향이 나며, 달콤하면서도 쌉싸름한 맛이 특징입니다. 개인적으론 콜라와 박카스, 감기 시럽의 어디쯤에 있는 향이라고 생각합니다. 당도, 향, 알코올 모두 강하기 때문에 냉동실에 넣어뒀다가 걸쭉해졌을 때 마시는 것이 가장 맛있습니다. '레드불'이나 '핫식스' 같은 에너지 드링크와 섞어 마시는 칵테일이 유명합니다. 하지만 많이 마시면 카페인 과다로 뜬눈으로 밤을 샐 수 있으니, 적당히 마시는 걸 추천해요.

Jager Orange 예거 오렌지

#의외의_조합 #심플한 #상큼한

조각 얼음 | 예거마이스터 70ml | 오렌지 주스 90~100ml

하이볼 글라스, 빌드, 올데이 칵테일

1. 하이볼 글라스에 얼음, 예거마이스터, 오렌지 주스를 채운다.
2. 바 스푼으로 가볍게 저으면 끝!

Jagermeister Mul 예거마이스터 뮬

#달콤한 #상쾌한 #리프레시

조각 얼음 | 예거마이스터 50ml | 진저 비어 120ml | 라임 휠

하이볼 글라스, 빌드, 올데이 칵테일

1. 하이볼 글라스에 얼음, 예거마이스터를 넣는다.
2. 진저 비어를 잔 위까지 따른다.
3. 바 스푼으로 가볍게 젓는다.
4. 라임 휠로 장식해주면 끝!

Jagermeister Cut 예거마이스터 컷

#강렬한 #복합적인 #폭탄주

예거마이스터 30ml | 버번 위스키 30ml | 레몬 필

샷 글라스, 빌드, 식후주

1. 샷 글라스에 얼려둔 예거마이스터와 버번 위스키를 따른다.
2. 레몬 필을 잔 위에서 비틀어 향을 입히고 장식하면 끝!

허브 리큐르

CREME DE MENTHE
크렘 드 민트

#민초단이라면 #반드시 #강한_존재감

디카이퍼 크렘 드 민트, 24%, 1만 원 후반~2만원대

페퍼민트(박하)가 들어가 양치를 하는 것처럼 화한 상쾌함을 느낄 수 있는 리큐르입니다. 달콤하면서 시원 상쾌한 맛이 매력적이라, 평소 박하사탕이나 민트 초코를 좋아하는 분이라면 반드시 갖춰야 할 필수품 같은 술이죠. 선명하고 쨍한 초록빛과 달콤 상쾌한 맛이 왠지 모르게 현대적인 느낌이 들어 근래 만들어진 술이라고 생각하기 쉽습니다. 하지만 의외로 18세기 말(1796년)에 만들어진, 200년 이상의 전통을 가진 리큐르입니다.

민트 리큐르의 원조는 프랑스 대표 화가 폴 세잔의 정물화에도 등장한 '제트 27 Get 27'이라는 석유 램프 모양의 제품입니다. 하지만 국내에서는 구하기 어려우므로 디카이퍼, 볼스 등의 브랜드에서 생산한 크렘 드 민트를 사용하면 됩니다. 실제 페퍼민트처럼 쨍한 초록빛을 띠는 제품이 대표적이나, 색소를 넣지 않은 무색투명한 제품도 있습니다(크렘 드 민트 화이트). 그냥 마시기에는 맛이 강해 주로 칵테일의 부재료로 쓰입니다. 살짝만 들어가도 존재감이 굉장해 한 번 사두면 오래 사용할 수 있습니다. 평소 민트 초코를 좋아하는 사람이라면 카카오 리큐르(크렘 드 카카오)와 생크림을 섞어 만드는 칵테일 '그래스호퍼'를 강력 추천합니다!

Stinger 스팅어

#달콤한_민트 #고도수 #상쾌한_마무리

조각 얼음 | 크렘 드 민트(화이트) 15ml | 코냑 45ml

마티니 글라스, 셰이킹, 식후주

1. 셰이커에 얼음을 포함한 모든 재료를 넣는다.
2. 셰이커를 8~10초 흔들어 잘 섞는다.
3. 마티니 글라스에 따르면 끝!

TIP ‖ 크렘 드 민트(그린)를 사용하면 맛은 똑같지만 짙은 녹색의 칵테일이 만들어진다.

Green Russian 그린 러시안

#상쾌한 #심플한 #디저트_칵테일

조각 얼음 | 보드카 40ml | 크렘 드 민트 20ml

온더락 글라스, 빌드, 식후주

1. 온더락 글라스에 얼음을 넣는다.
2. 크렘 드 민트, 보드카 순으로 따른다.
3. 바 스푼으로 가볍게 저으면 끝!

Grasshopper 그래스호퍼

#민트초코 #디저트_칵테일 #달콤한

조각 얼음 | 크렘 드 민트 20ml | 크렘 드 카카오(화이트) 20ml | 생크림 20ml

마티니 글라스, 셰이킹, 식후주

1. 셰이커에 크렘 드 민트, 크렘 드 카카오, 생크림을 넣는다.
2. 셰이커를 8~10초 강하게 흔들어 섞는다.
3. 셰이커를 열어 얼음을 채워준다.
4. 다시 한 번 셰이커를 8~10초 흔들어 섞는다.
5. 마티니 글라스에 따르면 끝!

허브 리큐르

CAMPARI
캄파리

#엄청난_존재감 #강한_호불호 #식전주의_아이콘

캄파리, 25%, 4만원대

1860년부터 만들어진 이탈리아의 아페리티프(식전주)입니다. 아직 가보지 못한 이탈리아의 노을빛을 닮은 선명하고 아름다운 붉은색이 특징이죠. 150년을 훌쩍 넘는 오랜 역사를 지니고 있음에도, 꾸준히 감각적인 프로모션을 진행하는 것으로 유명합니다. 캄파리로 만드는 클래식 칵테일 '네그로니'를 힘께 마시는 캠페인 '네그로니 위크'를 진행하고, 바텐더 경연 대회인 '캄파리 바텐더 컴페티션'도 주최하는 등 특유의 색을 잃지 않는 멋진 브랜드입니다.

한 잔 따라 보면 오렌지와 여러 허브를 섞어 껍질째 짓이겨 만든 것 같은 강하고 쌉싸름한 향과 은은한 단내를 맡을 수 있습니다. 막상 마시면 '꽤 달콤한데?'라는 생각이 듭니다. 바로 그 순간, 혀를 조이는 쌉싸름함이 몰아치며 긴 여운이 남는 것이 무척 중독적입니다. 물론 쓴맛에 거부감이 없다는 전제하에 말이죠. 어떤 음료와 섞이더라도 특유의 색깔과 풍미에서 밀리지 않는, 존재감 강한 술입니다.

가볍게 토닉 워터에 섞어 마시는 '캄파리 토닉'부터, 따뜻하게 즐기는 '핫 캄파리', 클래식 칵테일의 대표 주자 '네그로니' 등이 있습니다. 집에 캄파리를 갖춰두고 식전주로 즐기다 보면 식욕이 곱절로 늘어 다이어트는 순식간에 물 건너갈 수 있으니 주의하세요!

182

Negroni 네그로니

#달콤_쌉쌀한 #강렬한 #불멸의_클래식

조각 얼음 | 캄파리 30ml | 베르무트 로소 30ml | 드라이 진 30ml
레몬 필

온더락 글라스, 스터, 식전주

1. 믹싱 글라스에 레몬 필을 제외한 모든 재료(얼음 포함)를 넣는다.
2. 바 스푼을 이용해 20회 이상 잘 젓는다.
3. 믹싱 글라스에 스트레이너를 올려 음료만 글라스에 따른다.
4. 레몬 필을 잔 위에서 비틀어 향을 입힌 뒤 장식하면 끝!

Americano 아메리카노

#쌉싸름한 #상쾌한 #밝은_분위기

조각 얼음 | 캄파리 30ml | 베르무트 로소 30ml | 탄산수 110~120ml
오렌지 휠(옵션)

하이볼 글라스, 빌드, 식전주

1. 하이볼 글라스에 얼음을 채운다.
2. 캄파리, 베르무트 로소, 탄산수를 넣는다.
3. 바 스푼으로 가볍게 저어준다.
4. 오렌지 휠로 장식해주면 끝!

Spumoni 스푸모니

#캄파리_입문 #리프레시 #상큼_쌉쌀

조각 얼음 | 캄파리 30ml | 자몽 주스 30ml | 토닉 워터 100~110ml

하이볼 글라스, 빌드, 올데이 칵테일

1. 하이볼 글라스에 토닉 워터를 제외한 모든 재료를 넣는다.
2. 토닉 워터를 잔 위까지 채운다.
3. 바 스푼으로 가볍게 섞으면 끝!

아몬드 리큐르

DISARONNO
디사론노

#아몬드_향 #높은_활용도 #은근히_호불호

아마레토 디사론노, 28%, 4만원대

보통 '아몬드' 하면 볶은 아몬드의 고소한 향을 떠올리죠. 아몬드 리큐르에서는 볶은 아몬드가 아닌 생 아몬드의 향이 납니다. 이는 음료수 '닥터 페퍼', 체리 절임, 복숭아와 살구 씨앗에서 맡을 수 있는 향과 비슷하며 화려하고도 인공적인 느낌의 꽃향기가 납니다. 음료수 닥터 페퍼가 엄청난 호불호가 갈리는 것처럼 디사론노도 마찬가지죠.

대표적인 아몬드 리큐르는 우둘투둘한 사각형 병에 각진 모자를 쓴, 이탈리아의 디사론노입니다. 아몬드 리큐르이지만 사실 아몬드 대신 살구 씨를 이용해 만듭니다. 잔에 따르면 아몬드, 꿀, 고소한 곡물의 향이 풍부히 느껴지죠. 한 모금 마시면 진득한 달콤함에 아몬드, 바닐라 향이 더해져 입안을 꽉 채우듯 감싼 뒤, 고소함과 쌉쌀한 여운을 남긴 채 스르륵 사라집니다. 당도가 높아 스트레이트로는 힘들지만, 얼음을 넣어 온더락으로 즐겨도 맛있고 의외로 오렌지 주스와 잘 어울립니다. 집에 스카치가 있다면, 둘을 섞어 영화 〈대부〉에 등장하는 칵테일 '갓 파더'도 뚝딱 만들 수 있죠.

Boccie Ball 보치 볼

#의외의_꿀조합 #달콤_향긋한 #리프레시

조각 얼음 | 아마레토 20ml | 오렌지 주스 80ml

하이볼 글라스, 빌드, 올데이 칵테일

1. 하이볼 글라스에 얼음을 포함한 모든 재료를 넣는다.
2. 바 스푼으로 가볍게 저으면 끝!

Godfather 갓 파더

#강렬한 #달콤한 #대표적인

조각 얼음 | 아마레토 20ml | 스카치 위스키 40ml

온더락 글라스, 빌드, 식후주

1. 온더락 글라스에 얼음을 포함한 모든 재료를 넣는다.
2. 바 스푼으로 가볍게 저으면 끝!

TIP || 갓 파더가 입맛에 맞지만 알코올이 세게 느껴진다면, 생크림을 20ml 섞어 셰이킹으로 만드는 '갓 손Godson'도 추천한다.

추천

Disaronno Fizz 디사론노 피즈

#편안한 #리프레시

조각 얼음 | 아마레토 45ml | 레몬 주스 15ml | 탄산수 100ml

하이볼 글라스, 빌드, 올데이 칵테일

1. 하이볼 글라스에 얼음을 포함한 모든 재료를 넣는다.
2. 탄산수를 잔 위까지 채운다.
3. 바 스푼으로 가볍게 섞으면 끝!

커피 리큐르

KAHLUA
깔루아

#커피사탕 #인기_만점 #진짜_달다

깔루아, 20%, 3ган대

남녀노소 가리지 않고 모두에게 사랑받는 음료인 커피의 향과 맛을 담은 리큐르입니다. 우리가 다양한 브랜드의 커피를 즐기듯, 커피 리큐르 역시 여러 브랜드에서 나오고 있습니다. 에스프레소로 유명한 이탈리아의 '일리'사에서 만드는 '일리큐어 Illyquore', 영국의 '티아 마리아 Tia Maria', '디카이퍼'사의 '크렘 드 카페 Creme de Cafe' 등의 제품을 국내에서 만나볼 수 있습니다.

커피 리큐르의 대명사는 바로 깔루아입니다. 럼을 바탕으로 아라비카 커피, 바닐라, 설탕 등을 더해 만든 깔루아는 세계에서 가장 잘 팔리는 커피 리큐르입니다. 커피 맛 사탕을 녹여 액체로 만든 것 같은 무시무시한 단맛 때문에 호불호가 갈리는 편입니다. 그냥 마시는 건 벌칙 같은 일이기 때문에 우유와 함께 섞어 마시거나, 깔루아와 보드카를 1:3으로 섞은 '블랙 러시안'을 만들면 맛있게 즐길 수 있습니다. 깔루아는 충분히 마셔봤다, 더 좋은 커피 리큐르가 궁금하다면 일리큐어 제품을 추천합니다. 깔루아보다 가격도 비싸고 구하기도 어렵지만, 커피 리큐르 특유의 단맛에 에스프레소의 그윽한 쌉쌀함이 더해진 맛이 훌륭합니다.

Kahlua Ginger Ale 깔루아 진저 에일

#의외의_조합 #달콤한

조각 얼음 | 커피 리큐르 30ml | 진저 에일 120ml

하이볼 글라스, 빌드, 올데이 칵테일

1. 하이볼 글라스에 얼음을 포함한 모든 재료를 넣는다.
2. 바 스푼으로 가볍게 저으면 끝!

Espresso Martini 에스프레소 마티니

#조화로운 #달콤한 #디저트_칵테일

조각 얼음 | 커피 리큐르 30ml | 보드카 30ml | 에스프레소 30ml

마티니 글라스, 셰이킹, 식후주

1. 셰이커에 얼음을 포함한 모든 재료를 넣는다.
2. 셰이커를 8~10초 흔들어 잘 섞는다.
3. 마티니 글라스에 따르면 끝!
4. 갈지 않은 원두가 있다면 칵테일 위에 장식한다.

White Russian 화이트 러시안

#어른의_디저트 #부드러운

소각 얼음 | 커피 리큐르 30ml | 보드카 30ml | 생크림 30ml

온더락 글라스, 빌드+플로트, 식후주

1. 온더락 글라스에 얼음을 채운다.
2. 커피 리큐르와 보드카를 차례로 넣는다.
3. 바 스푼으로 잘 젓는다.
4. 생크림을 바 스푼으로 조심히 띄우면 끝!

TIP ‖ 생크림을 빼면 '블랙 러시안 Black Russian'이 된다.

초콜릿 리큐르

CREME DE CACAO
크렘 드 카카오

#초코초코한 #디저트_술 #리큐르의_친구

디카이퍼 크렘 드 카카오 화이트, 20%, 1만원대

초콜릿 원료인 카카오의 향을 담은 리큐르입니다. 카카오 원두의 열매를 볶아 알코올과 함께 증류하거나, 완성된 주정에 카카오 향과 바닐라, 캐러멜 등의 향을 입히는 방식으로 만듭니다. 무색투명한 크렘 드 카카오 화이트와 다크 초콜릿처럼 진한 갈색의 크렘 드 카카오 브라운, 두 가지 스타일로 제조됩니다. 브라운과 화이트의 차이는 브랜드마다 조금씩 다르지만, 거칠게 말하면 다크 초콜릿과 밀크 초콜릿 정도의 차이라고 보면 됩니다. 이 책에서는 투명한 빛깔에 부드럽고 달콤한 초콜릿, 카카오의 풍미가 매력적인 크렘 드 카카오 화이트를 소개합니다.

달콤한 코코아, 바닐라, 밀크 초콜릿의 향을 가지고 있는 크렘 드 카카오 화이트는 스피릿은 물론, 다양한 리큐르와 훌륭한 궁합을 자랑합니다. 색이 투명해 다른 술의 색을 해치지 않고 초콜릿의 달콤한 풍미만 자연스럽게 더해주는, 그야말로 완벽한 조연 역할을 해내죠. 민트, 체리, 생크림과 만나면 디저트를 굳이 준비할 필요가 없을 정도로 달콤한 디저트 칵테일을 뚝딱 만들어낼 수 있답니다.

Dusty Rose 더스티 로즈

#체리케이크 #달콤한 #디저트_칵테일

조각 얼음 | 체리 브랜디 30ml | 크렘 드 카카오 20ml | 생크림 20ml

마티니 글라스, 셰이킹, 식후주

1. 셰이커에 얼음을 포함한 모든 재료를 넣는다.
2. 셰이커를 8~10초 강하게 흔들어 잘 섞는다.
3. 마티니 글라스에 따르면 끝!

Alexander 알렉산더

#의외의_조합 #달콤향긋한 #디저트_칵테일

조각 얼음 | 진 30ml | 크렘 드 카카오 20ml | 생크림 20ml | 넛멕 가루(옵션)

마티니 글라스, 셰이킹, 식후주

1. 셰이커에 얼음을 포함한 모든 재료를 넣는다.
2. 셰이커를 8~10초 강하게 흔들어 잘 섞는다.
3. 마티니 글라스에 따른다.
4. 넛멕 가루가 있다면 잔 위에 뿌려 장식하면 끝!

Barbara 바바라

#디저트_칵테일 #달콤한

조각 얼음 | 보드카 40ml | 크렘 드 카카오 20ml | 생크림 20ml

마티니 글라스, 셰이킹, 식후주

1. 셰이커에 얼음을 포함한 모든 재료를 넣는다.
2. 셰이커를 8~10초 강하게 흔들어 잘 섞는다.
3. 마티니 글라스에 따르면 끝!

TIP ‖ 생크림이 들어가는 칵테일은 평소보다 강하게 셰이킹하거나, 145쪽에 소개되는 '드라이 셰이킹' 방법으로 만들 수 있다.

코코넛 리큐르

MALIBU
말리부

#인기_만점 #디저트_술 #활용도_최고

말리부, 21%, 2만원 후반~3만원 초반

각종 코코넛 디저트에서 맡을 수 있는 달콤한 코코넛, 바닐라, 크림의 부드러운 향이 듬뿍 담긴 리큐르입니다. 평소 코코넛을 좋아하는 사람이라면 사랑에 빠질 수 밖에 없는 술이죠. 화이트 럼에 천연 코코넛 향을 입히는 방식으로 만들어져, 칵테일에 조금만 섞여도 이국적인 느낌을 물씬 더해줍니다.

코코넛 리큐르 중 가장 유명한 제품은 새하얀 바탕에 황금빛 야자수가 그려진 말리부입니다. 하얀 병이나 코코넛의 과육을 떠올려보면 우유처럼 하얀 술로 생각하기 쉽습니다. 하지만 병의 하단을 자세히 보면 알 수 있듯 무색투명한 술입니다. 단품으로 마시면 단맛이 강하고 특유의 크리미한 맛이 느끼하게 느껴집니다. 오렌지 주스부터 우유, 콜라, 파인애플 주스 등 여러 음료와도 훌륭하게 어우러져 다른 스피릿이나 리큐르 없이도 충분히 즐길 수 있는 쉬운 리큐르입니다. 최근 들어 동네 편의점에서 찾아볼 수 있을 정도로 접근성이 높아졌으니, 아직 마셔보지 않았다면 꼭 한 번 도전해보세요.

Malibu Paloma 말리부 팔로마

#열대느낌_물씬 #청량한 #리프레시

조각 얼음 | 말리부 45ml | 라임 주스 10ml | 자몽 주스 25ml | 탄산수 90ml | 가는소금

하이볼 글라스, 빌드, 올데이 칵테일

1. 평평한 접시에 가는소금을 적당량 뿌린다.
2. 하이볼 글라스의 가장자리에 얼음이나 자몽을 이용해 물기를 묻힌 뒤, 잔을 뒤집어 소금을 묻힌다.
3. 소금을 묻힌 글라스에 얼음, 말리부, 자몽 주스를 넣는다.
4. 잔 위까지 탄산수를 채운다.
5. 바 스푼으로 가볍게 저으면 끝!

TIP ll 소금을 생략해도 맛있다!

Malibu Bay Breeze 말리부 베이 브리즈

#상큼달콤 #열대느낌 #리프레시

조각 얼음 | 말리부 50ml | 크랜베리 주스 50ml | 파인애플 주스 50ml

하이볼 글라스, 빌드, 올데이 칵테일

1. 하이볼 글라스에 얼음을 포함한 모든 재료를 넣는다.
2. 바 스푼으로 잘 섞으면 끝!

Twist Pink 트위스트 핑크

#눈이_즐거운 #여기가_휴양지

조각 얼음 | 말리부 50ml | 크랜베리 주스 50ml | 자몽 주스 50ml

하이볼 글라스, 빌드, 올데이 칵테일

1. 하이볼 글라스에 얼음을 포함한 모든 재료를 넣는다.
2. 바 스푼을 이용해 잘 섞으면 끝!

엘더플라워 리큐르

ST-GERMAIN
생제르맹

#비싸지만 #맛있는 #화려하고_화사한

일상에서 꽃은 늘 주인공처럼 돋보이는 존재이지만, 리큐르의 세계에서는 다른 열매와 뿌리, 과일 등에 밀려 조연처럼 사용되곤 합니다. 엘더플라워 리큐르는 수많은 식물 베이스의 리큐르 중 꽃이 주연으로 드러나는 드문 케이스입니다. 가장 대표적인 제품인 생제르맹을 한 잔 마셔보면 '아, 이래서 주인공이 될 수 있었구나' 하는 생각이 절로 들 정도죠. 그만큼 달콤하면서도 근사한 꽃과 과일 향이 납니다.

2007년, 프랑스에서 처음 만들어진 엘더플라워 리큐르인 생제르맹이 큰 사랑을 받자 마리 브리자드, 볼스 등에서도 후발 주자를 만들기 시작했습니다. 가격도 더 쌌죠. 그럼에도 우아한 고전 건축물 같은 세련된 병 디자인을 가진 생제르맹은 여전히 큰 사랑을 받고 있습니다. 가성비를 추구한다면 마리 브리자드 제품으로 도전을, 원조를 맛보고 싶다면 생제르맹을 구입하는 것을 추천합니다.

생제르맹, 20%, 7만원~8만원 초반

St-Germain Gin Tonic
생제르맹 진 토닉

#화사한_진_토닉 #달콤한 #리프레시

조각 얼음 | 엘더플라워 리큐르 22.5ml | 진 45ml | 토닉 워터 120ml

하이볼 글라스, 빌드, 올데이 칵테일

1. 하이볼 글라스에 얼음과 진, 생제르맹, 토닉 워터를 넣는다.
2. 바 스푼으로 가볍게 저으면 끝!

Elder Fashioned 엘더 패션드

#의외의_꿀조합 #강력_추천 #화사한

조각 얼음 | 버번 60ml | 엘더플라워 리큐르 22.5ml | 오렌지 필(옵션)

온더락 글라스, 빌드, 식후주

1. 온더락 글라스에 오렌지 필을 제외한 모든 재료를 넣는다.
2. 바 스푼으로 가볍게 젓는다.
3. 오렌지 필을 잔 위에서 비틀어 향을 입힌 뒤, 장식하면 끝!

추천

Le Fizz 르 피즈

#달콤_상큼한 #샴페인_같은

조각 얼음 | 보드카 45ml | 엘더플라워 리큐르 22.5ml | 라임 주스 20ml | 클럽 소다 60ml

플루트 글라스, 셰이킹+빌드, 올데이 칵테일

1. 셰이커에 클럽 소다를 제외한 모든 재료를 넣는다.
2. 셰이커를 8~10초 흔들어 잘 섞는다.
3. 플루트 글라스에 음료를 따른다.
4. 차가운 클럽 소다를 채운 뒤, 바 스푼으로 가볍게 저으면 끝!

크림 리큐르

BAILEYS
베일리스

#그윽한 #달콤함 #우유의_절친

베일리스, 17%, 3만원대

깔루아와 함께 편의점 리큐르의 양대 산맥 같은 리큐르죠. 초코 우유나 카페 모카를 즐긴다면 누구나 좋아할 법한 달콤한 초콜릿 맛과 크리미한 질감, 은은한 위스키 향을 함께 느낄 수 있습니다. 아일랜드 지방에서 위스키를 편하게 즐기기 위해 크림을 섞어 마시는 모습을 보고 착안해 만들어진 리큐르라고 합니다.

코코아, 바닐라, 은은한 위스키의 캐릭터가 부드러운 크림의 질감과 어우러진 맛입니다. 아무것도 섞지 않은 채 얼음과 함께 디저트처럼 마시거나 우유를 섞어도 좋습니다. 또, 같은 아일랜드 출신 맥주인 기네스에 빠트려 폭탄주로 즐길 수도 있죠. 취향만 맞다면 다양하게 즐길 수 있어 접근성도 좋습니다.

크림이 들어가고 도수가 낮아 냉장 보관해야 할 것만 같지만, 제조사에 따르면 25°C 미만의 그늘진 곳에 보관하면 2년 동안 맛이 유지된다고 합니다. 냉장고에 오래 보관했다가 잊을 수 있으니, 그늘진 곳에 보관하되 빠르게 배 속으로 해치우는 것을 추천합니다.

Flat White Martini 플랫 화이트 마티니

#달콤한 #부드러운 #디저트_칵테일

조각 얼음 | 베일리스 45ml | 보드카 30ml | 에스프레소 30ml

마티니 글라스, 셰이킹, 식후주

1. 셰이커에 얼음을 포함한 모든 재료를 넣는다.
2. 셰이커를 8~10초 흔들어 잘 섞는다.
3. 마티니 글라스에 음료를 따르면 끝!

TIP ‖ 원두를 장식으로 사용하면 예쁘다.

Baby Guiness 베이비 기네스

#귀여운_폭탄주 #디저트_칵테일

깔루아 30ml | 베일리스 15ml

샷 글라스, 플로트, 식후주

1. 샷 글라스에 깔루아를 따른다.
2. 바 스푼의 뒷면을 이용해 베일리스를 조심스럽게 따르면 끝!

Bailys Midnight Mint

베일리스 미드나잇 민트

#강렬한_민트 #디저트_칵테일 #잠이_번쩍

조각 얼음 | 베일리스 25ml | 크렘 드 민트 25ml | 보드카 25ml

마티니 글라스, 셰이킹, 식후주

1. 셰이커에 얼음을 포함한 모든 재료를 넣는다.
2. 셰이커를 8~10초 흔들어 잘 섞는다.
3. 마티니 글라스에 음료를 따르면 끝!

기타 리큐르

DRAMBUIE
드람부이

#위스키_짝꿍 #진짜_꿀맛 #풍부한_허브향

그 어떤 리큐르보다 '꿀맛'이라는 표현에 딱 맞는 술이 있습니다. 바로 스코틀랜드의 리큐르 드람부이가 그 주인공입니다. 스코틀랜드에서 자라는 헤더라는 꽃에서 추출한 벌꿀과 각종 허브를 위스키와 배합해 만드는 풍부한 맛의 리큐르입니다. 꽃에서 추출한 꿀이 들어간다는 점도 재밌지만, 스카치 위스키가 주재료라는 점도 주목 포인트입니다. 대부분의 리큐르가 주정을 바탕으로 만들어지기 때문이죠.

위스키 특유의 따뜻한 나무, 바닐라 향에 꿀의 달콤함과 허브의 화사함이 조화롭게 어우러지는 풍미를 가지고 있습니다. 넉넉하고 여유로운 느낌을 물씬 풍기는 달콤한 리큐르죠. 평소 달달한 맛을 즐기거나, 위스키를 좋아했던 분이라면 기분 좋게 한 병 비울 수 있을 것 같네요.

온더락 글라스로 얼음을 천천히 녹여가며 마시거나 따뜻한 물에 타 마셔도 특유의 달콤한 매력을 느낄 수 있습니다. 다른 스카치 위스키가 있다면 '러스티 네일'이라는 클래식 칵테일을 뚝딱 만들 수 있답니다.

드람부이, 40%, ४०원미터

Rusty Nail 러스티 네일

#달콤한 #감미로운 #고도수

조각 얼음 | 드람부이 20ml | 스카치 위스키 40ml

온더락 글라스, 빌드, 식후주

1. 온더락 글라스에 얼음을 포함한 모든 재료를 넣는다.
2. 바 스푼으로 잘 섞으면 끝!

> TIP ‖ 어떤 스카치 위스키를 쓰는지에 따라 칵테일의 매력이 천차만별로 달라진다. 시나몬 스틱이나 정향 등을 가니쉬로 활용해 향을 더 풍성하게 만드는 것도 좋다.

Drambuie Fresco 드람부이 프레스코

#데일리_칵테일 #리프레시 #청량한

조각 얼음 | 드람부이 25ml | 자몽 주스 50ml | 탄산수 100ml
자몽 슬라이스(옵션)

하이볼 글라스, 빌드, 올데이 칵테일

1. 하이볼 글라스에 얼음, 드람부이, 자몽 주스를 넣는다.
2. 바 스푼으로 잘 섞는다.
3. 탄산수를 잔 위까지 채운다.
4. 바 스푼으로 살짝 저은 뒤, 자몽 슬라이스로 장식하면 끝!

Rusty Margarita

러스티 마가리타

#의외의_조합 #테킬라의_존재감 #강렬한

조각 얼음 | 테킬라 레포사도 60ml | 드람부이 30ml | 라임 주스 20ml

온더락 글라스, 셰이킹, 올데이 칵테일

1. 셰이커에 얼음을 포함한 모든 재료를 넣는다.
2. 셰이커를 8~10초 흔들어 잘 섞는다.
3. 온더락 글라스에 따르면 끝!

기타 리큐르

SOUTHERN COMFORT
서던 컴포트

#불량식품향 #낮은_활용도

서던 컴포트, 35%, 3만원대

위스키와 절인 과일, 허브의 향을 담고 있는 미국 리큐르로, '남부의 편안함'이라는 따뜻한 이름을 가지고 있습니다. 1874년, 뉴올리언스의 한 바텐더가 각종 향신료와 과일을 위스키 통에 담아 만든 게 시작입니다. 그렇게 만들자 들쭉날쭉했던 위스키의 품질이 균일하게 유지돼 편하게 마실 수 있게 됐죠.

서던 컴포트를 국내 포털 사이트에서 검색하면 '복숭아 향 위스키 같다'는 평이 많습니다. 개인적으로 복숭아보단 설탕에 절인 살구, 감기 시럽, 위스키의 향이 복합적으로 얽힌 맛이라고 생각합니다. 편안함이라는 이름을 가졌지만, 글쎄요. 알코올이 꽤 튀는 느낌이 듭니다. 같은 위스키 계열 리큐르인 드람부이에 비하면 사용되는 칵테일 역시 많지 않다는 점도 아쉽고요. 위스키 향과 각종 과일, 허브가 합쳐진 풍미란 어떤 것인지 궁금한 분이리면 도전해보세요!

Scarlett O'Hara 스칼렛 오하라

#상큼한_불량식품 #달짝지근한

조각 얼음 | 서던 컴포트 35ml | 크랜베리 주스 25ml | 레몬 주스 15ml

마티니 글라스, 셰이킹, 식후주

1. 셰이커에 얼음을 포함한 모든 재료를 넣는다.
2. 셰이커를 8~10초 흔들어 잘 섞는다.
3. 마티니 글라스에 따르면 끝!

Sicilian Kiss 시칠리안 키스

#남부의_갓_파더 #달콤한 #고도수

조각 얼음 | 서던 컴포트 30ml | 아마레토 30ml

온더락 글라스, 빌드, 식후주

1. 온더락 글라스에 얼음을 포함한 모든 재료를 넣는다.
2. 바 스푼으로 잘 섞으면 끝!

Golden Nail 골든 네일

#강렬한 #고도수 #취하고_싶은_날

조각 얼음 | 버번 위스키 40ml | 서던 컴포트 20ml | 오렌지 필

온더락 글라스, 스터, 식후주

1. 믹싱 글라스에 얼음을 포함한 모든 재료를 넣는다.
2. 바 스푼으로 음료를 잘 섞는다.
3. 온더락 글라스에 얼음을 채운다.
4. 믹싱 글라스에 스트레이너를 올려 음료만 글라스에 따른다.
5. 오렌지 필을 잔 위에서 비틀어 향을 입히고 장식하면 끝!

부록

술은 어디에서 살까?

대부분의 상품을 온라인으로 구입할 수 있는 언택트 시대이지만, 술은 아직까지도 예외다. 구입은커녕 가격도 제대로 공개되지 않아 접근성이 떨어지는 경우가 많다. 그래서 다양한 주류를 스마트하게 구입할 수 있는 오프라인 공간과 팁을 소개한다.

대형 마트
이마트, 홈플러스를 비롯한 대형 마트는 유명한 스피릿과 리큐르를 저렴한 가격으로 쉽게 구할 수 있고, 할인 및 전용 잔 프로모션도 자주 진행한다. 다만 지점별로 갖춰둔 술에 차이가 있어 원하는 술의 재고 여부를 확인하고 가는 것이 좋다.

와인앤모어
최근 신세계 L&B에서 공격적으로 확장해나가고 있는 와인앤모어는 와인, 맥주, 스피릿, 리큐르 등 각종 주류를 전문적으로 소개하는 매장이다. 규모가 큰 대형 매장 '와인앤모어'와 작지만 알찬 큐레이션으로 꾸려진 '와인앤모어 데일리'가 서울 및 경기도 곳곳에 위치하고 있다. 신세계 L&B 웹사이트에 주류 정보(가격 제외)가 깔끔하게 정리돼있다.
www.shinsegae-lnb.com

가자주류
30년 역사의 주류 전문점 가자주류 매장은 대형 마트, 남대문에 비하면 가격대가 높지만 전국적으로 100여 곳 이상 분포돼있는 것이 큰 장점이다. 주류 전문점답게 대형 마트에서 구하기 어려운 스피릿, 리큐르도 다양하게 갖춰져 있다. 지점별로 매장 크기와 갖춰둔 술의 차이가 크니, 방문 전 전화로 재고와 가격을 확인하는 것을 추천한다.

남대문 주류 시장

애주가들의 성지라는 별명을 가진 남대문 주류 시장은 '없는 술이 없다'고 불릴 정도로 다양한 술이 갖춰져 있다. 가격도 다른 매장에 비해 무척 저렴하다. 다만 제품별 가격이 표기돼있지 않아 구두로 문의해야 하며, 매장마다 가격이 다르다는 단점이 있다. 구글에서 애주가들의 집단 지성 '남대문 주류 상가 가격표'를 검색한 뒤 구입하고자 하는 제품의 가격을 확인하고 방문하기를 추천한다.

GS25 나만의 냉장고

2020년, 주세법 개정으로 온라인으로 술을 주문한 뒤 매장에 방문해 수령하는 '스마트 오더'가 가능해졌다. 시간은 조금 걸리지만(3일) 집 근처에 주류 전문점이 없는 사람에겐 가장 편리한 구입 방법이 아닐까 싶다. 다른 전문점들과 다르게 가격까지 깔끔하게 정리된 것이 큰 장점이다. GS25의 어플리케이션 '나만의 냉장고'에서 와인25 메뉴를 클릭하면 제품별 특징과 가격을 손쉽게 비교할 수 있으며, 원하는 위치의 GS25를 선택해 방문 수령할 수 있다.

면세점

면세점은 말 그대로 세금이 면제된 곳이기에 오프라인 매장 중 가장 저렴하게 주류를 구입할 수 있다. 술의 가격에 비례해 세금을 책정하는 국내 주세법(종가세) 특성상, 원가가 높은 술일수록 더 저렴하게 구입할 수 있다. 일례로 오프라인 매장에서 100만원이 훨쩍 넘는 위스키를 면세점에선 30~40만원대에 구입할 수 있으니 말이다. 다만, 1인당 구입할 수 있는 술의 수량이 정해져 있으니 신중히 고르는 것을 추천한다.

─── ‖ 세 줄 정리 ‖ ───

- 다양한 술을 구하고 싶다: 와인앤모어, 가자주류, 남대문 주류 시장
- 유명한 술을 편하게 구하고 싶다: GS25 나만의 냉장고, 대형 마트
- 저렴하게 술을 구하고 싶다: 남대문 주류 시장, 면세점

[참조]

사이토 쓰토무, 사토 준. 칵테일도감. 한뼘책방(2018).
에이미 스튜어트. 술 취한 식물학자. 문학동네(2016).
이종기, 문세희, 배균호, 김재호, 최한석, 김태완, 정철. 증류주개론. 진한엠앤비(2016).
제프 시올레티. 애주가의 대모험. 더숲(2018).
조승원. 버번 위스키의 모든 것. 싱긋(2020).
조엘 해리슨, 닐 리들리. 스피릿. 한스미디어(2015).
주영준. 칵테일 스피릿. 숨쉬는 책공장(2019).
클레어 버더. 술 잡학사전. 문예출판사(2018).
페르낭도 카스텔롱. 라루스 칵테일 북. 웅진 리빙하우스(2011).
하세가와 세이치. 칵테일&리큐르. 하서(2002).
DiffordsGuide.com

색인

칵테일 이름	레시피 페이지
ㄱ	
갓 마더	61
갓 파더	185
골든 네일	199
골든 캐딜락	173
그랑 마니에르 마가리타	159
그랑 올드 패션드	159
그래스호퍼	181
그린 러시안	181
그린 알래스카	177
김렛	106
깔루아 진저 에일	187
ㄴ	
내비게이터	167
네그로니	183
뉴요커	131
ㄷ	
다이키리	73
더스티 로즈	189
드라이 마티니	107
드람부이 프레스코	197
디사론노 피즈	185
ㄹ	
러스티 네일	197
러스티 마가리타	197
럼 올드 패션드	75
레드 라이언	159

칵테일 이름	레시피 페이지
레드 러시안	161
르 피즈	193
리몬첼로 마티니	167

ㅁ

마가리타	89
말리부 베이 브리즈	191
말리부 팔로마	191
멕시콜라	88
모스코 뮬	59
모히토	74
미도리 마가리타	169
미도리 파인애플	169
민트 줄렙	132

ㅂ

바바라	189
발랄라이카	155
베네 앤 핫	175
베이비 기네스	195
베일리스 미드나잇 민트	195
보치 볼	185
브랜디 알렉산더	145
블랙 러시안	60
블루 라군	157
블루 하와이	157
비 앤 비	175
비트윈 더 시츠	146

ㅅ

사이드카	143
생제르맹 진 토닉	193

칵테일 이름	레시피 페이지
샤르트뢰즈 토닉	177
섹스 온 더 비치	165
솔티 도그	57
스카이 다이빙	157
스칼렛 오하라	199
스팅어	181
스푸모니	183
스프링 필링	177
시브리즈	58
시칠리안 키스	199
싱가포르 슬링	161

ㅇ

아메리카노	183
아이스 브레이커	91
알렉산더	189
애프리콧 칵테일	171
애프리콧 피즈	171
에비에이션	163
에스프레소 마티니	187
엘더 패션드	193
예거 오렌지	179
예거마이스터 뮬	179
예거마이스터 컷	179
옐로 버드	173
오팔	109
올드 패션드	133
올림픽	144
우 우	165
위스키 사워	129

ㅈ

재패니즈 진 토닉	169

칵테일 이름	레시피 페이지
진 리키	105

ㅋ

카이피리냐	72
코스모폴리탄	155
콜로니얼	163
쿠바 리브레	71
쿠앵트로 피즈	155
킹스 주빌리	163

ㅌ

테킬라 선라이즈	87
트위스트 핑크	191

ㅍ

파라다이스	171
팔리니 레몬 비터	167
퍼지 네이블	165
프리스코	175
플랫 화이트 마티니	195
피냐타	90

ㅎ

하비 월뱅어	173
하이랜드 쿨러	130
헌터	161
호스 넥	142
화이트 러시안	187
화이트 레이디	108

KI신서 9423
칵테일탐구생활

1판 1쇄 발행 2020년 12월 14일
1판 2쇄 발행 2023년 7월 10일

지은이 김호
펴낸이 김영곤
펴낸곳 (주)북이십일 21세기북스

콘텐츠개발본부 이사 정지은
인문기획팀장 양으녕 **책임편집** 이지연
감수 정인성 디자인 박지영
출판마케팅영업본부장 민안기
출판영업팀 최명열 김다운 김도연
마케팅1팀 배상현 김신우 한경화 강효원
e-커머스팀 장철용 권채영
제작팀 이영민 권경민

출판등록 2000년 5월 6일 제406-2003-061호
주소 (10881) 경기도 파주시 회동길 201(문발동)
대표전화 031-955-2100 팩스 031-955-2151 이메일 book21@book21.co.kr

ⓒ 김호, 2020

(주)북이십일 경계를 허무는 콘텐츠 리더

21세기북스 채널에서 도서 정보와 다양한 영상자료, 이벤트를 만나세요!
페이스북 facebook.com/jiinpill21   포스트 post.naver.com/21c_editors
인스타그램 instagram.com/jiinpill21   홈페이지 www.book21.com
유튜브 youtube.com/book21pub

서울대 가지 않아도 들을 수 있는 명강의! 〈서가명강〉
유튜브, 네이버, 팟캐스트에서 '서가명강'을 검색해보세요!

ISBN 978-89-509-9265-1 14590
ISBN 978-89-509-9267-5 (세트)

• 책값은 뒤표지에 있습니다.
• 이 책 내용의 일부 또는 전부를 재사용하려면 반드시 (주)북이십일의 동의를 얻어야 합니다.
• 잘못 만들어진 책은 구입하신 서점에서 교환해 드립니다.